方向明 著

土筑金字塔

良渚反山王陵

良渚文明丛书
Liangzhu Civilization Series

Earthen Pyramid

Fanshan Royal Cemetery

ZHEJIANG UNIVERSITY PRESS
浙江大学出版社

良渚与中华五千年文明

刘　斌

时间与空间真是奇妙的组合，当我们仰望星空，看到浩瀚的宇宙，那些一闪一闪的星星，仿佛恒久不变地镶嵌在天幕中。然而，现代科学告诉我们，光年是距离单位，宇宙深处星星点点射向我们的光线，来自遥远的过去。原来，时空的穿越，不过是俯仰之间。

考古，同样是这种俯仰之间的学问，由我们亲手开启的时光之门，将我们带回人类历史中每一个不同的瞬间。而距今 5000 年，就是一个特殊的时间点。

放眼世界，5000 年前是个文明诞生的大时代。世界上的几大流域，不约而同地孕育出早期文明，比如尼罗河流域的古埃及文明、两河流域的苏美尔文明、印度河流域的哈拉帕文明。那么，5000 年前的中华文明在哪里？这个问题困扰学界甚久。按照国际上通行的文明标准，城市、文字、青铜器……我们逐一比对，中国的古代文明似乎到出现了甲骨文的商代为止，便再难往前追溯了。

　　考古学上，我们把文字之前的历史称为"史前"。在中国的史前时代，距今1万年以来，在辽阔版图的不同地理单元中，就开始演绎出各具特色的文化序列。考古学上形象地称之为"满天星斗"。然而，中国的史前时代长久以来被低估了。一直以来，我们都是以夏商为文明探源的出发点，以黄河文明作为中华文明的核心，无形中降低了周围地区那些高规格遗迹遗物的历史地位，比如辽西的红山文化、江汉地区的石家河文化、太湖流域的良渚文化、晋南的陶寺文化、陕北的石峁遗址……随着探源脚步的迈进，我们才渐渐发现，"满天星斗"的文化中，有一些已然闪现出文明的火花。"良渚"就是其中一个特殊的个案。

　　大约在5300年前的长江下游地区，突然出现了一个尚玉的考古学文化——良渚文化。尽管在它之前，玉器就已广受尊崇，但在此时却达到空前的繁荣。与以往人们喜爱的装饰玉器不同，良渚人的玉器可不仅仅是美观的需要。这些玉器以玉琮为代表，并与钺、璜、璧、冠状饰、三叉形器、牌饰、锥形器、管等组成了玉礼器系统，或象征身份，或象征权力，或象征财富。那些至高无上的人被埋葬在土筑的高台上，配享的玉器种类一应俱全，显示出死者生前无限的尊贵。礼玉上常见刻绘有"神徽"形象，用以表达良渚人的统一信仰。这些玉器的拥有者是良渚的统治阶级，他们相信自己是神的化身，行使着神的旨意，随葬的玉器种类和数量显示出他们不同的等级和职责范围。我们在杭州余杭的反山、瑶山，常州武进的寺墩，江阴的高城墩，上海的福泉山等遗址中，都发现了极高等级的墓群。这就似乎将良渚文化的分布范围分割成不同的统治中心，呈现出小邦林立的局面。然而，历史偏偏给了余杭一个机会，在反山遗址的周围，越来越多的良渚文化遗址被发现，这种集中分布的遗址群落受到了良好的保护，使得考古工作得以在这片土地上稳步开展。到今天再来回望，这为良渚文明的确立提供了必要的前提。否则，谁会想到零星发现的遗址点，竟然是良渚古城这一王国之都的不同组成部分。

今天，在我们眼前所呈现的，是一个有 8 个故宫那么大的良渚古城（6.3 平方公里）。它有皇城、内城、外城三重结构，有宫殿与王陵，有城墙与护城河，有城内的水路交通体系，有城外的水利系统，作为国都，其规格已绰绰有余。除了文字和青铜器，良渚文化在各个方面均已达到国家文明的要求。其实，只要打开思路，我们会发现，通行的文明标准不应成为判断一个文化是否进入文明社会的生硬公式。青铜器在文明社会中承载的礼制规范的意义，在良渚文化中是体现在玉器上的。文字是记录语言、传承思想文化的工具，在良渚文化中，虽然尚未发现文字系统，但那些镌刻在玉礼器上的标识，也极大程度地统一着人们的思想，而大型建筑工事所反映出的良渚社会超强的组织管理能力，也透露出当时一定存在着某种与文字相当的信息传递方式。因此，良渚古城的发现，使良渚文明的确立一锤定音。

如今，良渚考古已经走过了 80 多个年头。从 1936 年施昕更先生第一次发现良渚的黑皮陶和石质工具开始，到今天我们将其定义成中国古代第一个进入早期国家的区域文明；从 1959 年夏鼐先生提出"良渚文化"的命名，学界逐渐开始了解这一文化的种种个性特点，到今天我们对良渚文明进行多领域、全方位的考古学研究与阐释，良渚的国家形态愈发丰满

Earthen pyramid:
Fanshan Royal Cemetery

起来。这一系列丛书，主要是由浙江省文物考古研究所致力于良渚考古的中青年学者，围绕近年来杭州市余杭区瓶窑镇良渚古城遗址的考古发现与研究，集体编纂而成，内含极其庞大的信息量。其中，包含有公众希望了解的良渚古城遗址的方方面面、良渚考古的历程、良渚时期古环境与动植物信息、代表了良渚文明最高等级墓地的反山王陵、为人们津津乐道的良渚高等级玉器、供应日常所需林林总总的良渚陶器……还有专门将良渚置于世界文明古国之林的中外文明比对，以及从媒体人角度看待良渚的妙趣横生的系列报道汇编。相信这套丛书会激起读者对良渚文明的兴趣，从而启发更多的人探索我们的历史。

可能很多人不禁要问：良渚文明和中华文明是什么样的关系？因为在近现代历史的观念里，我们是华夏儿女，我们不知道有一个"良渚"。其实，这不难理解。我们观念里的文明，是夏商以降、周秦汉唐传续至今的，在黄河流域建立政权的国家文明，是大一统的中华文明。考古学界启动"中华文明探源工程"，为的就是了解最初的文明是怎样的形态。因此，我们不该对最初的文明社会有过多的预设。在距今5000年的节点上，我们发现了良渚文明是一种区域性的文明。由此推及其他的区域，辽西可能存在红山文明，长江中游可能存在石家河文明，只是因为考古发现的局限，我们还不能确定这些文明形态是否真实。良渚文明在距今4300年后渐渐没落了，但文明的因素却随着良渚玉器得到了有序的传承，影响力遍及九州。由此可见，区域性的文明实际上有全局性的影响力。

人类的迁徙、交往，从旧石器时代开始从未间断。不同规模、不同程度、不同形式的人口流动，造成了文化与文化间的碰撞、交流与融合。区域性的文明也是一个动态的过程。目前来看，良渚文明是我们所能确证的中国最早文明，在这之后的 1000 多年，陶寺、石峁、二里头的相继繁荣，使得区域文明的重心不断地发生变化。在这个持续的过程中，礼制规范、等级社会模式、城市架构等文明因素不断地传承、交汇，直至夏商。其实，夏商两支文化也是不同地区各自演进发展所至，夏商的更替，其实也是两个区域性文明的轮流坐庄，只是此时的区域遍及更大的范围，此时的文明正在逐鹿中原。真正大一统的中央集权国家，要从秦朝算起。这样看来，从良渚到商周，正是中华文明从区域性文明向大一统逐步汇聚的一个连续不断的过程，万万不可将之割裂。

2019 年 5 月于良渚

序　Preface

　　下午，开工以后天气闷热，黑沉沉的乌云从天目山方向翻滚而来，一场雷雨即将来临。我和杨楠、费国平同志站在3号探方的北隔梁上，商量对付雷雨的应急措施，这时3点刚过。突然陈越南同志从下挖的"坑"内清出一块粘有小玉粒和漆皮的土块，用手掌托着，小心地递到我跟前，我弯腰看了一眼，从160厘米高的隔梁上跳下，急忙爬到坑中，蹲在出土现场观察了足足一刻钟……又露出朱红色的漆皮和很多小玉粒（这就是后来经上海博物馆吴福宝师傅精心剥剔成功的嵌玉漆杯），当时再也不敢下手了，兴奋、激动的心情久久不能平静。……这天晚上，我们买了几瓶酒，多炒了几只菜，我、杨楠、费国平、陈越南等在住地开怀畅饮，兴奋地谈论着这次发现将会产生的作用和意义。

　　我们在发表反山简报时，称为"反山墓地"，苏秉琦先生在与笔者的一次谈话中，对此提法不甚满意，问我是否可以称为"陵"。笔者受到极大的启发，确实，反山墓葬地营建规模之大、随葬品之丰厚、玉器之多而

序图 1　反山发掘领队王明达先生现场介绍 M12

精，至今为止，还没有任何一处良渚文化墓葬超过的，这不是最高等级的贵族——"王陵"吗？

——王明达：《良渚"王陵"——反山发掘记》，浙江省政协文史资料委员会、浙江省文物局编：《文物之邦显辉煌——考古发掘与文物保护纪实》，浙江人民出版社，2000年，第119、123页。

在墓底筑有"棺床"状的低土台，围以深10厘米左右的浅沟。"棺床"大多呈凹弧形，致随葬品从两侧向中部倾倒，造成玉璧、石钺等部分器物因撞击而破碎的现象。这说明墓内原来应有棺木类的葬具，支撑一定的空间范围，才会发生这种情况。另在剥剔墓内填土时，在接近随葬品露

序图 2　反山 M23 的分层剥剔

头的一段水平高度时，往往发现匀薄的淤泥和纵向的板灰痕迹，板灰之上常有大片的朱红色涂层；"棺床"表面也能剥剔出板灰痕迹，这些都说明原有棺木作葬具。尤其是少数墓内在"棺床"外侧，还有一个约为"棺床"宽度三分之一的空间，其外侧与浅沟外壁之间发现竖向排列的板灰痕迹。在这空间内往往发现两或三件柱状玉器陷入底部的淤土中。柱状玉器常发现在棺盖之上，与"棺床"上的随葬品有十余厘米的高差距离，似为某种棺上饰具。这种柱状玉器滚落到了上述空间底部，很可能狭长的空间范围是椁室所在。

————浙江省文物考古研究所反山考古队〔执笔：王明达〕：《浙江余杭反山良渚墓地发掘简报》，《文物》，1988 年第 1 期，第 3 页。

序图 3　反山发掘全体同仁在现场讨论遗迹现象
（中坐者牟永抗，左侧王明达，右侧依次为芮国耀、刘斌、杨楠）

　　这次发掘（指反山）和我们以往发掘墓葬的不同之处是将整个墓地作
为聚落遗址的一个有机组成部分来对待，作为解剖良渚遗址群的剖面来着
眼。我们从墓地的营造；各墓之排列及其相互关系；墓坑与墓内已腐朽棺
椁葬具之关系；墓内随葬品的分布及其组合、组装配伍关系；墓地与环境
及诸遗址的关系加以综合考察。

　　——牟永抗：《浙江良渚考古又十年》，《东南文化》，1997 年第 1 期。

余 杭 县 长 命 乡

反山良渚文化墓葬发掘操作细则

山是良渚遗址范围内的一处独立土墩，系熟土堆筑而成，包
量的良渚文化陶片，可能是一处良渚文化的墓葬，即"土筑
"。此类大墓的发掘是我省一项探索性的工作，为进一步提
考古发掘水平，总结这方面的经验，除严格遵守《田野考古
程》的规定外，特制定本操作细则。

、反山面积达2000m²，发掘分二期进行，上半年发掘西
下半年发掘东半部。中央南北向留二米宽的隔梁，作为长期
地层剖面。

、每期发掘采用探方法，布10×10米的探方，在探方东、
一米宽的隔梁。

、各探方发掘的进度，要保持大致水平。发掘过程中，特别
土质土色的变化，每下挖10厘米，平面铲光一次，仔细寻
墓边，也要注意有无夯窝，工具痕迹等有关迹象，发现陶片要全部采集。

、发现墓边后，必须将四周铲光，如墓边延伸到相邻探方，
队同意后，先打隔梁，一定要将墓边四周找准后，方可进行
发掘。墓边不完全，不得先行下挖。

、墓室应是竖穴土坑墓，必须用小工具仔细剥剔，注意墓壁

的原貌，观察填土的变化，填土中除注意陶片外，特别留心有否葬
具及其朽痕。随葬品一经露头，应改用竹签、毛刷等工具小心剔土，
不再使用金属工具。要注意做好对陶、玉、石器以至象牙制品等文
物的保护，不得随意取动。

六、绘图。移动随葬品，骨架处理等项工作，由领队指定专人
负责。各探方发掘人应及时将发现的遗物，遗迹等向领队报告，以
便加强现场研究，取得同意后方可处理。

七、现场保护，就地保存，安全措施等有关方案，在发掘过程
中待情况明朗后及时研究，采取相应措施。

一九八六年三月

序图4 《余杭县长命乡反山良渚文化墓葬发掘操作细则》（扫描）

在人们的认识并不统一的情况下，主事者认定那是一处良渚文化高规
格的墓地，当时与有关方面交涉停建厂房，而着手有计划、有组织地进行
考古发掘。这可以说是一个具有科学预见的战略性决策。

——严文明：《一部优秀的考古报告——〈反山〉》，《中国文物报》，
2006年7月12日。

序图 5　上海青浦福泉山遗址发掘场景

　　1982 年至 1986 年，为配合当地在福泉山旁筑路取土，同时也为开展良渚文化的系列研究，经报国家文物局批准，对福泉山作正式考古发掘……首先按照考古的工作规程，在划定发掘坑位以后，依照土色和出土器物的变化，层层往下发掘。一般规律应该是越往下，出土文物的年代越早，但是福泉山的迹象却是：去掉表土以后，第一层发现了 6000 年前的马家浜文化的陶片和动物骨骼，第二层内却是 5000 年前的崧泽文化遗物，第三层是 4000 年前的良渚文化层，然后第五层是崧泽文化后期的土层，第六、七层为崧泽文化前期的文化层。这里前三层的年代颠倒了，显然是有人把附近另一个古遗址的泥土搬移过来，在这里原有的崧泽文化遗址上堆筑了一个高台墓地。再据土内最晚的器物为良渚文化时期，可断定此高台该是良渚古人所筑。因此这里既是古人动用大批人工堆筑的高台，其中埋葬的又是良渚文化的显贵，所以我国考古界前辈苏秉琦先生在一次全国考古工作会议上称其为"中国的土建（土筑）金字塔"。

　　——黄宣佩：《福泉山考古记》，黄宣佩：《黄宣佩考古学文集》，上海古籍出版社，2014年，第275页。

目录 Contents

第五章　反山考古的重大意义

Earthen pyramid:
Fanshan Royal Cemetery

土筑金字塔：良渚反山王陵

第一章　反山概貌

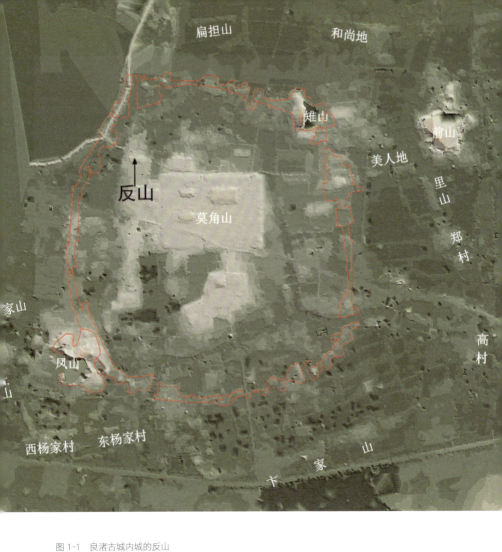

扁担山　　　　和尚地

滩山

美人地

反山

莫角山

里山
郑村
前山

凤山

高村

家山

西杨家村　东杨家村

卞　家　　山

图 1-1　良渚古城内城的反山

　　反山位于良渚古城内城西北部，东侧与莫角山相邻（图 1-1）。上世纪"七十年代调查时发现这是一座熟土墩"[①]，1986 年 5 月 8 日—7 月 5 日、9 月 3 日—10 月 10 日，浙江省文物考古研究所进行了第一期考古发掘，在反山西部布设了 10 米×10 米探方[②]6 个，实际发掘面积 660 平方米（图 1-2）。

　　反山所在的台地，平面呈椭圆形，东西长约 200 米，南北宽约 150 米，面积约 2 公顷（合 20000 平方米）。反山主体部分东西长近 140 米，南北宽约 40 米，墓地位于反山西部。反山现海拔标高约 12 米，相对高度 5~6 米，是一处人工营建的高台墓地。

----

① 浙江省文物考古研究所反山考古队：《浙江余杭反山良渚墓地发掘简报》，《文物》，1988 年第 1 期。"熟土墩"指人工堆筑营建的土台。

② 探方，考古发掘作业的工作单元，一般为正方形，正方向，规格有 5 米×5 米、5 米×10 米、10 米×10 米等。发掘完毕的探方由发掘主体、隔梁、关键柱三部分组成。

图 1-2　反山 1986 年秋季发掘场景

　　反山考古取得了石破天惊的发现。由于墓葬保存完好，在野外发掘时按层精心剥剔，随葬器物配伍关系得到了前所未有的突破性认识。根据出土状况并结合器物形制，大量新的良渚玉器种类得以命名，如冠状器、玉钺冠饰和端饰、柱形器等。反山考古成为 1986 年纪念良渚遗址发现 50 周年的重大献礼。"将良渚文化的研究工作推进到一个崭新的阶段"，"玉器是良渚文化物质、精神财富的精华所在"，"当时已经出现并形成一种能够保障这些玉器生产和集中以及占有它们的政治力量和社会秩序"，"大墓所埋葬的集钺、琮、璧所象征的军权、神权、财权于一身的显贵者们，正是这种政治力量和社会秩序存在的生动写照"[1]。1986 年的"良渚文化遗址发现五十周年学术讨论会"上，反山考古领队王明达先生结合该区域已开展的考古调查提出了"良渚遗址群"[2] 的概念。反山、瑶山发掘后，浙江省文物考古研究所牟永抗先生在《浙江省新近十年的考古工作》中还特别提到，有一处"性质类似某种政治或宗教、文化中心"的"人工堆筑工程"的"中心遗址"，这就是后来定名的良渚古城莫角山遗址[3]。反山、瑶山的发现掀起了玉器、玉文明研究的高潮，推动了关于中华文明起源和良渚社会结构的深入探讨。

① 牟永抗、刘斌：《纪念良渚文化遗址发掘五十周年》，浙江省余杭县政协文史资料委员会编：《良渚文化》，余杭文史资料第三辑，1987 年 12 月，第 17、19 页。
② 王明达：《"良渚"遗址群概述》，浙江省余杭县政协文史资料委员会编：《良渚文化》，余杭文史资料第三辑，1987 年 12 月。
③ 浙江省文物考古研究所（执笔：牟永抗）：《浙江省新近十年的考古工作》，文物编辑委员会编：《文物考古工作十年（1979—1989）》，文物出版社，1991 年，第 119 页。

一　反山的堆筑营建和形成过程

反山是一座人工堆筑营建的大土墩，从堆筑营建到东汉时被用作砖室墓地，大致经历了五个阶段：

（1）堆筑草包泥[1]，高约 1.5 米。2013 年在良渚古城内栈桥码头的发掘中，揭示了草包泥的堆筑工艺。草包泥一般长 40 厘米，宽 10 厘米，厚 10 厘米，重 4~5 千克，内部为取自沼泽地的淤泥，外部用茅草或荻草包裹而成。经过碳 14 测年，堆筑营建的年代距今约 5000 年。

（2）铺垫沙层，厚约 15 厘米。

（3）堆筑黄土，高达 3 米。埋设以 M12 为核心的九座大墓，属

---

[1]　草包泥具有便于运输和堆筑的优点。经过勘探，莫角山遗址的南坡及莫角山以东区域都发现有草包泥分布，说明草包泥作为一种建筑工艺或者重要的建筑材料被广泛地运用到当时的大型工程中。2010 年发现的良渚古城西北部的岗公岭水坝，也是先用草包泥堆筑基础部分，然后再用黄色黏土包裹外部。草包泥的发现为理解良渚古城大型工程的营建方式和营建效率提供了直接的证据。刘斌、王宁远、郑云飞等：《2006—2013 年良渚古城考古的主要收获》，《东南文化》，2014 年第 2 期，第 36 页。

于良渚文化早期。

反山营建的总土方量超过 3 万方，根据对良渚古城城墙土方量的估算，平均完成每方堆土需耗 13.5 工时，这样仅反山这一阶段 4.5 米高的营建工程，就需要至少 34 万工时。

（4）距今 4600~4300 年，也就是良渚文化晚期，再堆筑加高 1.5 米，埋设大墓，由于东汉时期砖室墓的破坏和后期的扰动，现仅存 M21 和 M19。由于这一阶段的大墓破坏严重，这里介绍的反山墓地主要指良渚文化早期的九座大墓。

（5）东汉时期，良渚反山成为当时的砖室墓地（图 1-3）。

图 1-3　反山王陵堆筑营建示意

二 反山主要出土物

反山王陵出土了玉、石、陶、象牙、嵌玉漆器等类的珍贵文物
1200 余件（组），其中玉器 1100 余件（组），有琮、璧、钺、柱形器、
环镯、冠状器、三叉形器、锥形器、半圆形饰、璜、带钩，形态不一
的管、珠、鸟、鱼、龟、蝉及大量镶嵌玉片、玉粒等 20 余种，是目
前已知良渚文化遗址中出土玉器数量最多、品种最丰富、雕琢最精美
的一处墓地。

反山良渚文化早期九座大墓布列有序，均为竖穴土坑墓，大多有
葬具痕迹，墓底筑有棺床，各墓随葬品丰厚，多者达数百件，少者数
十件。其中 M12、M14、M16、M17、M20 均随葬玉钺，并有玉琮
1~6 件不等；M22、M23 以随葬玉璜、圆牌为特点。前者墓主可能为
男性，后者墓主为女性。M12 同时也是反山核心墓葬（图 1-4）。

反山王陵出土玉器中有近百件雕琢了精细的纹样，以 M12 的权
杖、大玉琮、大玉钺、柱形器和 M22 的大玉璜上的神人兽面纹最为
突出，这种完整的神人与兽面复合的图像，为解读良渚玉器上或简或
繁、可分可合的类似纹饰提供了可资对应的依据；近似微雕的浅浮雕

图 1-4　反山王陵墓葬

和阴线纹相结合的工艺，充分显示了良渚玉器匠人高超的琢玉水平。

　　反山王陵的主人们拥有代表神权的琮、象征军事指挥权的钺、体现财富的璧，以及装饰在冠帽上、佩挂穿缀在衣物上的各种特殊玉饰件，充分显示了他们是凌驾于部族平民之上的贵族阶层。神人兽面纹集中反映了良渚社会生活中神的威严和神圣，既是以玉事神的巫觋们上天入地功能的写照，也是良渚部族尊崇的"神徽"。

　　1986 年 10 月，反山发掘刚结束不久，浙江省文物考古研究所就在当年《文物》第 10 期上刊发了王明达先生执笔的《浙江余杭反山发现良渚文化重要墓地》一文，介绍了反山第一期发掘的重大收获。

1988 年 1 月，浙江省文物考古研究所反山考古队以最快的速度在当年《文物》第 1 期刊发王明达先生执笔的《浙江余杭反山良渚墓地发掘简报》，指出"反山墓地所出现的这些因素（指琮、璧、钺等玉制礼仪用器所象征的墓主人拥有神权、财富和军事统率权），对于探索中华文明的起源具有不言而喻的重大意义"。2005 年，王明达先生负责、笔者参与合作的作为"良渚遗址群考古报告之二"的《反山》大型考古报告，由文物出版社出版发行（图 1-5）。

反山墓地的重大发现及之后良渚遗址群的一系列重要遗址的发掘，证实了这片一百余平方公里的地区是良渚文化最重要的中心，是东亚地区最早显现出早期国家形态的区域，在对中华文明起源的探索研究中，占有极为重要的价值和地位。

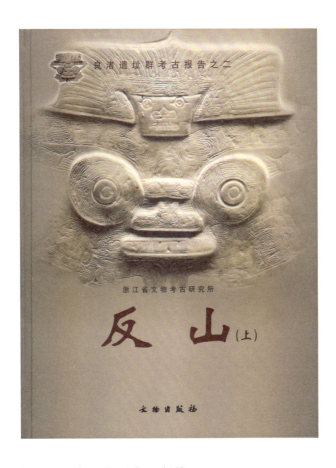

图 1-5　2005 年文物出版社《反山（上）》

Earthen pyramid:
Fanshan Royal Cemetery

土筑金字塔：良渚反山王陵

第二章　葬具和葬仪的复原

图 2-1　良渚博物院反山王陵模型

　　反山王陵以 M12 为核心的九座大墓布列规整有序，格局比较清晰。M15、M18 位于西侧一隅，墓穴较浅。M15 墓坑深 60 厘米，随葬品 61 件；M18 墓坑深 40 厘米，随葬品 66 件。M16、M12、M17、M14 与 M20、M22、M23 七座墓葬自西向东分列为南北两排，其中 M12 和 M17 紧密相邻，这七座墓葬墓坑较深，90~120 厘米不等，随葬品更加丰富，其中 M22 有 185 件，M20 有 538 件，而 M12 则多达 658 件（图 2-1）。

　　根据部分墓内残留的头骨和随葬品的分布位置，可以确定这批墓葬的头向为南略偏西。虽然葬具朽烂不存，但通过甄别墓穴内不同的土质、土色，结合部分随葬品倾倒、因撞击而破碎等的出土状况，反山发掘首次清理出良渚文化大型墓葬的棺椁葬具痕迹，取得了前所未有的突破，发掘简报中有着精彩的记叙（图 2-2）：

在墓底筑有"棺床"状的低土台，围以深 10 厘米左右的浅沟。"棺床"大多呈凹弧形，致随葬品从两侧向中部倾倒，造成玉璧、石钺等部分器物因撞击而破碎的现象。这说明墓内原来应有棺木类的葬具，支撑一定的空间范围，才会发生这种情况。另在剥剔墓内填土时，在接近随葬品露头的一段水平高度时，往往发现匀薄的淤泥和纵向的板灰痕迹，板灰之上常有大片的朱红色涂层；"棺床"表面也能剥剔出板灰痕迹，这些都说明原有棺木作葬具。尤其是少数墓内在"棺床"外侧，还有一个约为"棺床"宽度三分之一的空间，其外侧与浅沟外壁之间发现竖向排列的板灰痕迹。在这空间内往往发现两或三件柱状玉器陷入底部的淤土中。柱状玉器常发现在棺盖之上，与"棺床"上的随葬品有十余厘米的高差距离，似为某种棺上饰具。这种柱状玉器滚落到了上述空间底部，很可能狭长的空间范围是椁室所在。

随葬品布满"棺床"之上，少者数十件，多者数百件。各墓放置部位基本相同。头骨上方为冠帽上的玉饰件，胸腹部放置玉琮，一侧放置玉钺，腿脚部多置玉璧和石钺，陶器则在脚下，各部位均有较多的玉管珠类饰件。[1]

....

① 浙江省文物考古研究所反山考古队（执笔：王明达）：《浙江余杭反山良渚墓地发掘简报》，《文物》，1988 年第 1 期，第 3 页。

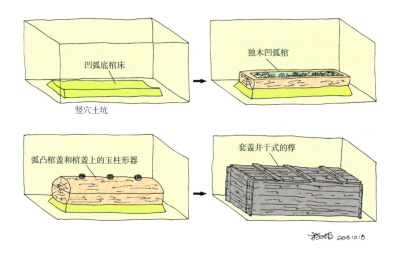

图 2-2　反山棺椁葬具示意

一　反山 M14 的复原

反山 M14，是其中一座棺椁痕迹保存最好的大墓。出土遗物共编260 号，分玉器、石器、嵌玉漆器、陶器四大类。玉器共编 242 号，主要种类有：冠状器和三叉形器各 1 件，半圆形饰一组 4 件，成组锥形器一组 9 件、单件 3 件，带盖柱形器 1 套、单件柱形器 7 件，玉琮3 件，玉钺 1 套，玉璧 26 件，带钩 1 件，各类端饰 14 件，琮式管9 件，玉鸟和玉蝉各 1 件，余为穿缀的管珠和镶嵌的玉粒。石器均为石钺，共 16 件。嵌玉漆器 1 件，未能修复。陶器仅有陶罐 1 件（图2-3）。

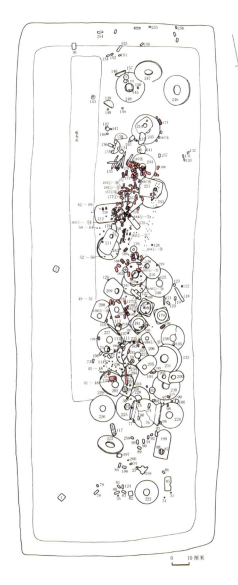

北

1、2、36、102、175、176．柱 形 器 31—
35、37—69、144-2. 粒 70、93、108-2.
缝 缀 片 71、97-1. 贯 孔 端 饰 72、73、
75、78、81、83、84、86—89、91、92、
96、98、101、104—106、108-1、109—112、
115、116、119、120、130、131、136、154
—156、198、257、258、260. 管 74、85.
镶 插 端 饰 76. 陶 罐 77、123、127、134、
142—144-1. 粗 矮 管 79. 珠？ 80、117.
琮 式 管 82、153. 榫 头 端 饰 90、95、
100、132、141、178. 卵 孔 端 饰 94. 残
玉 器？ 97-2、99、103、113、122、125、
126、128、129、149—152、255、256. 鼓 形
珠 107、121、133-1—133-9. 锥 形 器 114.
嵌 玉 漆 器 118. 长 管 135. 三 叉 形 器 137
—140. 半 圆 形 饰 145. 带 盖 柱 形 器 146、
147. 球 形 珠 148. 球 形 隧 孔 珠 157. 柱 形
器 盖 158. 带 钩 163、254. 管 串 174.
冠 状 器 177-1. 钺 瑁 177-2. 钺 镦 179—
181. 琮 199—214. 石 钺 221. 钺 222—
226、228—248. 璧 259. 鸟 （未 注 明 质 地
者 均 为 玉 器）

0　10 厘米

图 2-3　反山 M14 随葬器物出土平面示意

（一）棺椁葬具的复原

M14 墓坑南北长约 350 厘米，东西宽约 210 厘米，深约 90 厘米（图 2-4）。墓底筑有棺床，棺床四周的浅沟深约 20 厘米，棺床略呈凹弧状，放置独木棺后再套盖框形木椁，最后填土覆盖（图 2-5）。

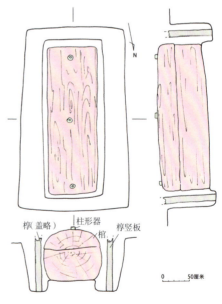

图 2-4　根据土色、土质确认反山 M14 墓坑痕迹后开始清理工作

图 2-5　反山 M14 平剖面图及棺椁示意复原

M14 成组的三件柱形器（1、2、36）[1]等距离位于墓室一侧，应是从原葬具上滚落所致，说明原先葬具盖板，也就是独木棺盖板上还有空间，这是木椁存在的佐证（图2-6）。

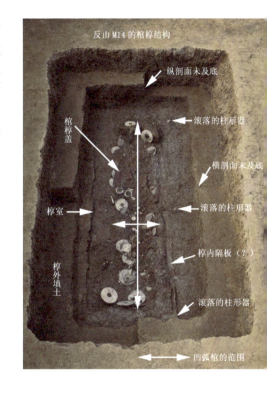

图 2-6　反山 M14 棺椁葬具和滚落在一侧的三件柱形器

① 　阿拉伯数字是该墓出土随葬品的器物编号，如 M14：36，即第 14 号墓第 36 号器物；M14：133-9，即第 14 号墓第 133 号器物的下级编号器物第 9 号。后同。

　　江南地区独木棺的使用可以追溯到距今六七千年的马家浜文化时期，崧泽文化晚期至良渚文化早期开始出现的棺外套椁是新石器时代出现的最早的棺椁，从目前的考古发现来看，此时的椁搭建在已经放置好的棺上。通过对多例墓葬的剖面判读，没有发现椁底板，椁是直接在棺床外侧搭建的，也可能是竖板，搭建时，有些还偏于棺的一侧，但棺椁之间都存在一定的空间，这些空间，尤其是棺盖上还常放置随葬品，高等级墓葬中棺盖上三件等距离放置的玉柱形器就是其中一例。良渚文化的两重棺椁，与商周时期椁室由底板、壁板、挡板和盖板的组成不同，没有底板。在独木棺上方套长方形的椁，起到了保护独木棺的作用，也创造了一个棺外椁内的空间，为墓主人增加了空间范围，也为后来对空间的分割奠定了基础。随葬品置于棺内还是棺外，其象征意义是不同的。

　　1986 年 1 月，也就是反山发掘的四个月前，德清戈亭乡东舍墩村辉山之西，当地农民开挖鱼塘时，在耕土层下发现良渚文化的玉琮、璧、坠、珠等。浙江省文物考古研究所派员踏勘确认这些玉器为墓葬遗物，并对墓葬残留部分进行了清理，发现两座并列的良渚文化墓葬，其中 M2 墓坑内发现两层木板，现存厚度为 0.2~0.3 厘米，均不呈水平状，上、下层间现存间隔高约 0.2 米，墓坑北端亦有横向挡板木板，下层木板及墓北端木板与墓坑间隔 2~4 厘米不等，应是略小于墓坑的葬具——棺材。根据现场观察，底层木板呈凹弧状，当为独木刳凿而成。[①]

1989 年，良渚庙前 M31 清理出一具保存较好的带盖独木棺，独木棺长 230 厘米，宽 60 厘米，现高 13~26 厘米，现存凹弧的底板厚 0.8 厘米，两侧板厚 1.1 厘米，现存盖厚约 0.5 厘米。独木棺北端有另外加设的半圆形挡板，南端挡板没有发现。在独木棺外西侧还发现南北排列的 5 根小木桩，应是用于支撑独木棺。独木棺内的人骨架散乱，头骨倒立，四肢骨和盆骨严重移位，同时还夹杂着 3 处动物骨骼，可见葬具塌陷之前，朽烂的人骨和动物骨骼可能因为泡水而移位（图 2-7）[②]。

① 浙江省文物考古研究所：《浙江北部地区良渚文化墓葬的发掘（1978—1986）》，浙江省文物考古研究所编：《浙江省文物考古研究所学刊（建所十周年纪念，1980—1990）》，科学出版社，1993 年，第 89 页。
② 浙江省文物考古研究所：《庙前》，文物出版社，2005 年，第 63—64 页。

图2-7　良渚庙前 M31 的独木棺

2006 年 4 月，良渚安溪后杨村，当地村民在建房挖地基时发现良渚文化玉璧等重要遗物，浙江省文物考古研究所和良渚遗址管委会进行抢救性考古发掘，清理良渚文化墓葬九座，其中 M4 是一座单体独木棺的显贵大墓。虽然葬具坍塌之后已经被压挤成扁薄状，但是可以清晰地辨认并剥剔出弧凸状的棺盖，尤为重要的是，葬具坍塌时可能较为均匀，致使原先等距离放置在棺盖上的三件琮式柱形器保存着原样（图 2-8）[①]。这是 1986 年反山王陵发掘时判断成组柱形器原先位于葬具上的实证。

图 2-8　良渚安溪后杨村 M4 独木棺盖上的三件琮式柱形器

----

① 王宁远等：《良渚遗址群后杨村遗址》，浙江省文物考古研究所编：《浙江考古新纪元》，科学出版社，2009 年，第 131—132 页。

图 2-9　良渚庙前遗址发现的木构井

木椁的结构形制因为朽烂不能明辨，但是往往存有呈井干状的痕迹，推测应该与良渚庙前遗址发现的木构井结构一致（图 2-9）。

从反山遗址良渚文化早、晚两个阶段的堆筑营建判断，以 M12 为核心的第一阶段墓地及墓葬所在的平面基本保持完整，清理的 M14 保存相对较好，据此，良渚博物院第三展厅进行了复原展示（图 2-10）。

图 2-10　良渚博物院反山 M14 葬具结构的复原模型

（二）葬仪的复原

　　反山 M14 随葬品包括玉器、石器（均为石钺，共 16 件）、嵌玉漆器和陶器（仅陶罐 1 件），共编 260 号，以单件计达 388 件。玉器编号 242 件（组），以单件计达 370 件，主要种类有：冠状器和三叉形器各 1 件、半圆形饰一组 4 件、成组锥形器一组 9 件、单件锥形器 3 件、带盖柱形器 1 套、单件柱形器 7 件、玉琮 3 件、玉钺 1 套、玉璧 26 件、带钩 1 件、各类端饰 14 件、琮式管 9 件、玉鸟和玉蝉各 1 件，余为穿缀的管珠和镶嵌的玉粒。

　　根据痕迹推测复原 M14 独木棺，其长约 2.6 米，宽 0.75 米，棺
身高 0.6 米，棺盖高 0.2 米，棺厚 0.1 米；椁长约 3 米，宽 1.2 米，
厚 0.1 米。根据头饰玉器的出土情况，判断墓主头向南。虽然葬具腐
朽倒塌后，随葬品的原先位置和状态发生了移动，但是根据其他相关
墓例的发现，可以基本复原独木棺内当时的基本葬仪，主要随葬器物
如下（图 2-11）：

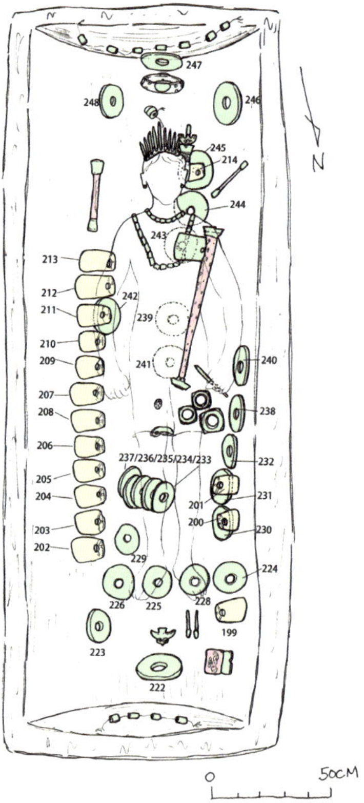

图 2-11　反山 M14 主要随葬器物
放置示意

棺内侧两端放置玉璧各一（247、222），横向系挂管串一组（南端如 254—256 等，北端如 79—83 等），南端另有带盖柱形器一套（145、157）。

墓主头端两侧放置玉璧各一（248、246）。

独木棺底部纵向放置玉璧 5 件后（从南到北依次为 245、244、243、239、241），入殓墓主。

墓主头部上方放置缝缀一组 4 件半圆形器的"王冠"（137—140）。

墓主头部镶插和佩戴冠状器（174）、中叉上方组装玉管的三叉形器（135、136）、一组 9 件的成组锥形器（133-1—133-9）。

墓主头左侧下，另外放置 1 件小石钺（214），小石钺叠压玉璧（245）。

墓主身上佩戴数量不等的串饰，穿着或覆盖的织物上缝缀球形隧孔珠。

墓主左手秉玉钺杖，玉钺刃部朝内侧，玉钺杖组装玉瑁镦（144、177）。

墓主身体右侧从南到北依次放置 12 件石钺（213、212、211、210、209、207、208、206、205、204、203、202），其中 211 号石钺下方另放置了 242 号玉璧。

墓主身体左侧的腰腹部位放置玉琮 3 件（179、180、181）。

墓主身体左侧从南向北依次放置玉璧 5 件（240、238、232、

231、230），其中 231、230 号玉璧上另放置了 201、200 号石钺。

带钩 1 件（158）用于墓主殓尸后的捆扎，大体位于墓主的下肢部位。

墓主腿脚的上方放置叠起来的玉璧，其中一组 5 件叠放的最为清晰（233—237），另 6 件可能放置在墓主腿脚的下方（229、223、226、225、228、224），这一部位另有石钺 1 件（199）。

墓室中部玉蝉 1 件（187）、南端玉鸟 1 件（259），玉鸟和玉蝉背面有缝缀的隧孔，极可能是墓主入殓后整体以织物覆盖，玉蝉、玉鸟及隧孔珠等都是织物上的饰件。

墓室南端角隅出土顶部有半圆形凹缺的扁状镶插端饰 1 件（85），这类端饰形制特殊，出土位置固定，反山 M12、M20、M23 的墓室南端角隅均有出土。鉴于这四座墓葬均出土"王冠"性质的一组 4 件半圆形器，此类端饰极可能也是王级身份的标识之一。

此外，墓室中还有各类形制的装配玉端饰的权杖，由于有机质载体的腐朽，具体面貌尚不清楚。

M14 仅随葬陶罐 1 件，放置在墓主脚端部位。

一　反山 M12 葬仪的复原

M12 是反山王陵的核心墓葬，墓坑长约 310 厘米，宽约 165 厘米，深约 110 厘米。墓底筑有棺床，两侧的浅沟约深 10 厘米，棺床略呈凹弧状。出土遗物共编 168 号，整理增编至 170 号，分玉器、石器、嵌玉漆器、陶器四大类。玉器共编 159 号，主要种类有：冠状器和三叉形器各 1 件、特殊长玉管 1 件、半圆形饰一组 4 件、成组锥形器一组 9 件、单件锥形器 2 件、锥形器套管 1 件、带盖柱形器 1 套、单件柱形器 3 件、玉琮 6 件、玉钺 1 套、权杖 1 套、镯形器 1 件、玉璧 2 件、柄形器 1 件、各类端饰 8 件、琮式管 11 件、龙纹管 2 件，余为穿缀的管珠和镶嵌的玉粒。石器均为石钺，共 5 件。嵌玉漆器 2 件，有嵌玉壶、圆形嵌玉器。陶器 4 件，分别为鼎、豆、罐、大口缸（图 2-12、图 2-13）。

M12 主要随葬品情况如下：

M12 仅清理了葬具棺痕，棺内南端有 69、165、167 号管串组成的棺饰，根据野外 1:1 原大的测绘图判断，原先状态应是环周状。

墓主头端上方带盖柱形器一组（76、80），作为棺饰，或作为墓主的头饰。

1. 嵌玉杯 2. 陶大口缸 3—
5、109. 琮式管 6. 陶罐 7.
陶鼎 8、9、60—66、70、71、
73、84、115、116、126、127、
133—136、165、167. 管 10、
11. 长管 12—58、120—124.
粒 59. 镶插端饰 67. 陶
豆 68. 嵌玉圆形器 69、75、
128—132、139、142、143、
149、156. 管串 72. 半球形
隧孔珠 74、114、117. 锥形
器 76. 柱形器盖 77—79、
85. 半圆形饰 80. 带盖柱形
器 81. 冠状器 82. 特殊长
管 83. 三叉形器 86、119.
贯孔端饰 87、89、102. 柱形
器 88. 镶嵌端饰 90、92、
93、96—98. 琮 91. "权杖"
镦 94. 镯形器 95、111.
璧 99、104、106—108. 石
钺 100. 钺 101. 卯孔端
饰 103. "权杖"瑁 105. 钺
瑁 110. 柄形器 112、113、
164. 榫头端饰 118. 锥形器套
管 162、163. 鼓形珠
(未注明质地者均为玉器)

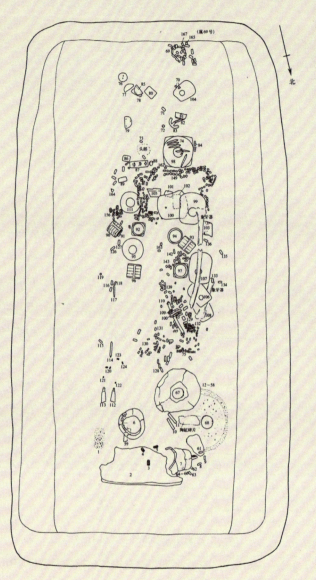

图 2-12 反山 M12 随葬器物出土平面示意

4 件一组的半圆形器（77—79、85）、小石钺（104）位于墓主头部上方。

墓主头部镶插冠状器（81）、三叉形器（82、83），佩戴的成组锥形器（74-1—74-9）散落在大琮（98）射面上，墓主头部极有可能枕在大琮上。

头部位还有错落雕琢 12 幅完整神像和神兽像的柱形器（87），极有可能原先也枕于墓主头下。

半球形隧孔珠（72）作为墓主耳饰。

149 号管串极可能作为项饰，也可能作为裹尸时的附件。

根据臂饰的出土位置，墓主右臂下放置 2 件大孔玉璧（111、95）。

92、96 号琮，94 号环镯、93、97 号琮可能分别作为墓主的右、左臂饰。

墓主左侧放置配置了玉瑁镦的大玉钺（100、105），玉钺柄嵌玉髹漆。

墓主上身交叉叠放 2 件装配豪华玉瑁镦的权杖（103、91），豪华权杖的镦放置在 90 号琮射孔内。

110 号柄形器，可能插在墓主腰间部位。

117、118 号带套管的锥形器，可能作为墓主右手手握。

75 号成组玉管并列串系，应该缝缀在墓主下衣上。

　　墓主下身右侧放置 112、113 号装配玉端饰的特殊杖，杖身嵌玉。

　　墓主脚端部位横向放置装配玉镶插端饰的特别用具（59），端饰扁平，顶部有凹缺，这类端饰仅出土于反山拥有成组半圆形器的 M12、M20、M23、M14。

　　M12 墓主脚端部位一侧还随葬了类似"太阳盘"的嵌玉髹漆圆形器（68）。

　　墓主身体左侧依次放置刃部朝北的石钺 4 件（99、107、106、108）。

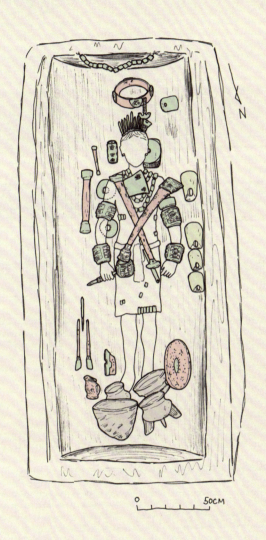

图 2-13　反山 M12 主要随葬器物放置示意

三 反山 M22 葬仪的复原

M22 墓坑长约 325 厘米，宽约 170 厘米，深约 100 厘米。M22 出土遗物共编 70 号，分玉器、嵌玉漆器、陶器三大类。玉器共编 60 号，主要种类有：冠状器 1 件、锥形器 2 件、带盖柱形器 1 套、单件柱形器 2 件、玉璜 2 件（组）、圆牌一组 6 件、镯形器 4 件、玉璧 3 件、端饰 2 件、纺轮 1 件、琮式管 1 件、玉鱼 1 件，余为穿缀的管珠和镶嵌的玉粒。嵌玉漆器共编 4 号，计 3 组，分别为嵌玉囊形器、不明嵌玉漆器、嵌玉圆形器。陶器共编 6 号，计 5 组，分别为甗鼎和鼎各 1 件、豆 1 件、罐 2 件、过滤器 1 件（图 2-14、图 2-15）。

M22 主要随葬品情况如下：

墓室南端放置嵌玉圆形器（2），圆形器的形制同反山 M12：68。

墓主头端部位放置玉璧 1 件（4）。

带盖柱形器（5）或作为棺饰，或作为墓主束发的头饰。

墓主头部镶插冠状器（11），一对隧孔珠（27-1、27-2）或结合其他管珠作为耳饰。

璜形串饰（8），鉴于璜形器神像正置时半圆朝上，北京大学考古文博学院秦岭副教授认为其可能作为额饰。

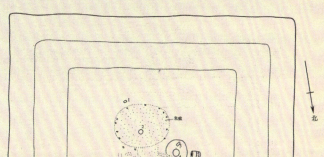
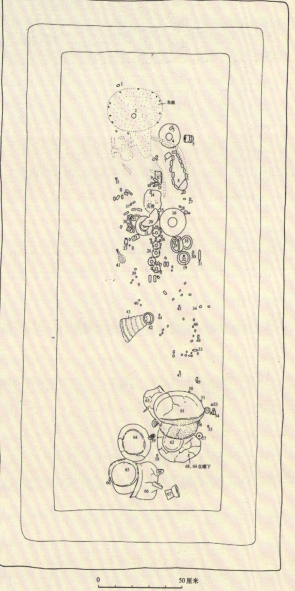

北

1、3、9、10、14、28—30、
38、48—50、54、56．管 2．
嵌玉圆形器 4、16、21．
璧 5．带盖柱形器 6、15、
32、51、55、58、60．鼓形
珠 7、25．柱形器 8．璜
串 11．冠状器 13．扁球
形隧孔珠 17—19、22．镯形
器 20．璜 23．鱼 24、52．
卯孔端饰 26．圆牌 27、
36、68．串饰 31、33．锥形
器 34、39、53．珠串 35、
37．管串 40、44—47．
粒 41．嵌玉囊形器 42、43．
不明嵌玉漆器 57．纺轮 59．
琮式管 61．陶豆 62、64．陶
罐 63．陶鼎 65、66．陶甗
鼎 67．陶过滤器 69．长管
（未注明质地者均为玉器）

0   50厘米

图 2-14　反山 M22 随葬器物出土平面示意

　　墓主穿戴 4 件环镯作为臂饰，其中右臂 1 件（22），左臂 3 件（17、18、19），玉鱼（23）也可能作为右臂饰。

　　锥形器（13）可能作为墓主的左手手握。

　　墓主胸腹部位出土的叠压玉器依次为璜（20）、璧（21）、成组圆牌（26），墓主装殓时先串挂成组圆牌，纵向串系，图纹朝下，一对玉管缀于尾部（36-1、36-2），再分别于左右胸部各放置一块玉璧（16、21），最后系挂玉璜（20）。

　　墓室东侧放置配有玉塞的髹漆囊形器（41）、玉圈足髹漆觚形器（42、43）。

　　2 件卯孔端饰相距较远（24、52），24 号端饰卯孔内尚留有象牙杖遗痕，也说明两者不太可能组合。

　　墓主脚端部位随葬鼎（63）、甗鼎（65、66）、豆（61）、罐（62、64）、过滤器（67）等 6 件套陶器，另有玉纺轮 1 件（57）。

图 2-15　反山 M22 主要随葬玉器放置示意

Earthen pyramid:
Fanshan Royal Cemetery

土筑金字塔：良渚反山王陵

第三章　随葬器物

反山王陵 11 座墓葬随葬的器物有陶、石、玉、象牙、嵌玉漆器等 1200 余件（组）。其中以 M12 为核心的九座大墓，随葬玉器若以单件计达 3072 件，另有嵌玉漆器 7 件、石钺 53 件、象牙器 9 件、鲨鱼牙 1 枚、各类陶器 36 件。玉器占全部随葬品的 90% 以上，其品质和数量、种类和组合、形制和纹样成为墓主身份、等级和地位的重要标识。按照陶器、石器（石钺）、玉器、嵌玉漆器等分类介绍如下：

一　陶器

反山九座墓葬随葬陶器数量少，种类有鼎和甑鼎、豆和盘、罐、过滤器、大口缸。虽然有鼎、豆、壶的基本组合，但是并不固定，如 M14 仅出土罐 1 件，M20 仅鼎、罐各 1 件，女性墓 M22、M23 的鼎和甑鼎、豆、盘、罐俱全。由于葬具倒塌和挤压，陶器很难修复，从豆的形制特点可判断墓葬的相对年代。过滤器是良渚遗址群及周边临平遗址群的特有陶器，与反映女性特征的随葬品玉璜、纺轮等共出，极具特色（图 3-1）。

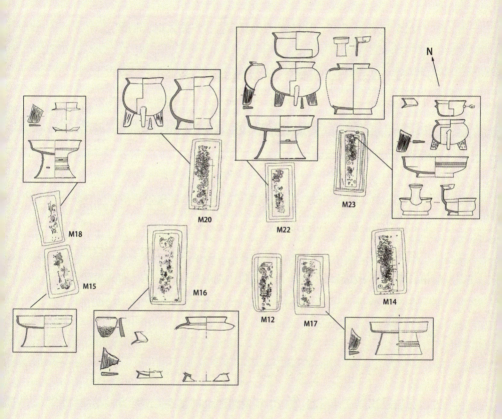

图 3-1　反山出土的部分陶器

　　M15、M22、M17、M18 的豆修复完整，均为大喇叭形圈足。

　　M15：42 豆，豆盘外壁有一周较宽的凸起，这类凸起，是早先豆盘外壁刻剔圆和弧边三角组合纹样的孑遗，介于良渚庙前第一期晚段和第二期早段之间，与瑶山墓地 M4：45 豆颇为接近，相对年代属于良渚文化早期偏晚阶段。

　　M22：61、M17：58、M18：28 豆，形制基本接近，均以大喇叭形圈足装饰凸弦纹和长方形小镂孔为特征；M18：28 豆的喇叭形圈足开始束腰，凸弦纹也有多道，相对要晚一些，总体上相当于良渚庙前第二期的早段和晚段，属于良渚文化中期偏早阶段。这 4 件陶豆所属的墓葬分列南北，也说明反山以 M12 为核心的九座墓葬总体年代接近，是一处时间跨度不长的王族墓地。

　　M22、M23 出土过滤器各 1 件（图 3-2）。完整的过滤器包括盖、过滤钵和过滤器三件配套。1981 年良渚遗址群吴家埠遗址发掘首次发现这类器物。吴家埠 H3：14 是一件实用过滤器（图 3-3），过滤钵圜底上有排列规则的 19 个小孔；吴家埠 T40：25 实用过滤器器内中部有一竖向隔档，通高 22 厘米，器身口径达 23 厘米。王明达先生认为其用途似与酒类的制作有关，即将未经过滤、汁滓混合的原酿——醪、醅倒入过滤钵进行过滤，让酒液从冲天嘴流入过滤器，渣滓留在

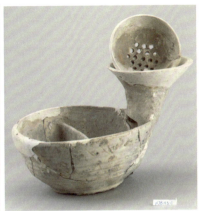

图 3-2（左）反山 M23：208 过滤器
图 3-3（右）吴家埠遗址 H3：14 过滤器

过滤钵内[1]。1988—1990 年良渚遗址群庙前第一、二次发掘中，发掘者丁品先生注意到过滤器与纺轮共出，而不与石钺共存。之后的发掘资料也屡屡验证，可见过滤器是良渚文化中唯一具有性别指向的陶器皿。过滤器仅见于良渚遗址群及周边邻近地区，以良渚遗址群为主，不见于嘉兴、苏南及沪地。过滤器最早可以追溯到崧泽文化晚期，良渚文化早期之后就消失了。

---

[1]　浙江省文物考古研究所：《余杭吴家埠新石器时代遗址》，浙江省文物考古研究所编：《浙江省文物考古研究所学刊（建所十周年纪念，1980—1990）》，科学出版社，1993 年，第 75 页。

二　石器（石钺）

石器，仅有石钺 1 种，共 53 件，除了女性墓葬 M22、M23 无石钺，其他诸墓均有此物：M18 随葬 1 件，M20 随葬 24 件，M14 随葬 16 件，其余各墓随葬 2~5 件不等。石钺形制基本一致，整器均呈圆角舌形，大孔，孔径一般在 4 厘米左右；石钺的横截面较为厚钝，加工规整，通体打磨光亮。

石钺是良渚文化的标志性石器，主要用于随葬。反山出土的圆角舌形石钺是其中最为重要的一类，石质坚硬，表面多呈紫褐色或灰紫色，夹杂灰黑色斑块。这种石钺只见于高等级的大墓，以及中等级墓葬里少数身份级别较高的墓葬之中（图 3-4）。南京矿产地质研究所郑建先生曾对吴县（今属苏州市）张陵山东山 M1：7 的这类石钺做过矿物学鉴定，其矿物成分主要为低铁阳起石，次要为褐色阳起石，生成顺序为原生铁阳起石→次生蚀变褐色阳起石，名称为

图 3-4　反山 M20 出土的部分石钺

黑色低铁阳起石（玉钺）[1]。中国地质科学院闻广先生认为是接触岩假玉[2]。

反山墓地中多数石钺的孔周涂朱，朱痕均依圆孔作三叉涂绘，形式有两种，都赋予圆孔特殊的含义，也是安柄的象征。

M14：209 石钺，朱痕顶部圆弧，圆孔的三叉留白。石钺长 10.6 厘米。

M16：44 石钺，朱痕顶部圆弧，圆孔的三叉均涂绘，孔内壁也有残留（图 3-5）。石钺长 14.1 厘米。

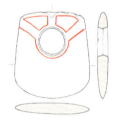

图 3-5　反山 M14：209、M16：44 石钺

① 郑建：《吴县张陵山东山遗址出土玉器鉴定报告》，《文物》，1986 年第 10 期，第 39—41 页。
② 闻广：《玉与珉》，（台北）《故宫文物月刊》，1993 年第 11 卷第 4 期，第 131 页表三、第 135 页图十六。

三　玉器

反山简报对出土玉器进行了详细和精准的描述：

这批玉器材质的矿物学鉴定还未及进行，但对照已经科学鉴定的良渚玉器标本，几乎大部分是一致的。所以我们初步认为反山玉器除了少部分可能不属真玉外，大多数属于透闪石—阳起石系列软玉，即真玉。

玉器的基本色调，大致可分为青、黄、白三种。除了部分个体较小的玉器色泽纯净单一外，大多数玉器，尤其大件器都颜色斑驳。青玉常有墨绿色的斑点团块；黄玉常有茶褐色的斑点团块；白玉有的嫩白，有的粉白，常有不规则的紫红色瑕斑；青玉和黄玉还常有灰白色的筋状条斑。少量玉器玉质精良，具有透光性。出自同一座墓的玉器在玉质玉色上往往比较一致，尤其成组成套的玉器则十分相近，显然由同一块玉料分割加工而成。

在部分玉器上留有各种不同的加工痕迹。如呈弧形的线割痕，呈直线的锯割痕；带孔的可分辨出管钻或实心钻两种钻孔方式；有些玉器表面还有浅细而密集的擦痕，似为砂粒摩擦留下的痕迹。大至璧、琮，小至芝麻般的镶嵌玉粒，均经仔细打磨抛光，表面形成闪亮的光泽。

特别是近百件有花纹图案的玉器，采用阴纹线刻、减地法浅浮雕、半圆雕甚至通体透雕等多种技法，精雕细琢出结构严谨、对称和谐的纹样。纹样的主题除了良渚玉器上通常所谓的"兽面纹"外，首次发现了似人似兽的神人形象和神人与兽面集于一体的形象。有的花纹中仅一毫米的宽度内，竟刻上四五根细线，神工鬼斧，堪称微雕，令人难以置信。

玉器品种有璧、环、琮、钺、璜、镯、带钩、柱状器、杖端饰、冠状饰、锥形饰、三叉形器、半圆形冠饰、镶插端饰、圆牌形饰以及由鸟、鱼、龟、蝉和各种瓣状饰组成的穿缀饰，由管、珠、坠组成的串挂饰，各类玉粒组成的镶嵌件等 20 余种。[①]

反山、瑶山发掘后不久，中国地质科学院闻广先生就开始对这批玉器进行系统的矿物学检测，其绝大多数属于透闪石—阳起石系列的软玉。闻广首次对"中国古玉"的"软玉"进行了界定，"软玉是致密块状的角闪石组钙角闪石类的透闪石—阳起石系列矿物，一般具有交织纤维显微结构，即软玉结构"，"软玉的相似物，即似玉的假玉，

---

① 　浙江省文物考古研究所反山考古队（执笔：王明达）：《浙江余杭反山良渚墓地发掘简报》，《文物》，1988 年第 1 期，第 7—8 页。

在彩石中有'岫岩玉'、'信宜玉'及部分'肃州玉'，属蛇纹石组叶蛇
纹石"。闻广进一步指出，"软玉的质量取决于它的显微结构，即由晶
体束组成纤维的粗细程度，由此决定了矿物的堆集密度、半透明度、
光泽和韧性等。韧性又决定了加工的难易程度，而堆集密度也决定了
出土玉器的受沁程度。杂质矿物的多少，往往与纤维的粗细成正比"，
"软玉颜色的常见基本色调是黄绿色，其浓度变化不大，主要随亮度
降低而颜色加深"。[1]

　　反山出土的 1200 余件（组）玉器中，有琮、璧、钺、柱形器、
环镯、冠状器、三叉形器、锥形器、半圆形饰、璜、带钩，形态不
一的管、珠、鸟、鱼、龟、蝉等 20 余种，还有大量漆器上的镶嵌玉
片、玉粒，以及象牙器和鲨鱼齿等，是已知良渚文化遗址中出土玉器
数量最多、品种最丰富、雕琢最精美的一处高等级墓地。反山及随后
的瑶山发掘所出的玉器，有许多器形为以往发掘或传世古玉所未见，
一些至今还是独一无二。按照野外出土的情况，除了琮、璧等少数器
种外，可以将其区分为组装件、穿缀件、镶嵌件三大类，玉钺杖、以
璜和成组圆牌为组合的原始组佩、嵌玉漆器等重要器种被成功复原完

----

① 　闻广：《苏南新石器时代玉器的考古地质学研究》，《文物》，1986 年第 10 期，
第 42、44 页。

整，这为认识玉器在良渚文化时期的总体社会功能提供了重要佐证。神像包括复合形式的神人兽面像和独立的兽面像。完整复合的神人兽面像的发现，首次解决了琮节面图案的来源问题。神像还几乎是良渚玉器的唯一主题，琮、冠状器、三叉形器、玉钺瑁镦的构形都与神像密切相关，几乎所有的玉器都有神像的影子（图 3-6）①。

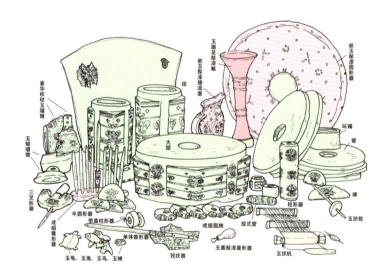

图 3-6　反山出土玉器集萃

①　浙江省文物考古研究所（执笔：牟永抗）：《浙江省新近十年的考古工作》，文物编辑委员会编：《文物考古工作十年（1979—1989）》，文物出版社，1991 年，第 118、119 页。

　　反山出土玉器中有近百件雕琢了精细的纹样，以 M12 的权杖、大玉琮、大玉钺、柱形器和 M22 的大玉璜上的神人兽面纹最为突出，这种完整的神人与兽面复合的图像，为解读良渚玉器上或简或繁、可分可合的类似纹饰提供了可资对应的依据；微雕的浅浮雕和阴线纹相结合的工艺，充分显示了良渚玉器匠人高超的琢玉水平。反山墓地的主人们拥有代表神权的琮、象征军事指挥权的钺、体现财富的璧，以及装饰在冠帽上、佩挂穿缀在衣物上的各种特殊玉饰件，充分显示了他们是凌驾于部族平民之上的权贵阶层。神人兽面纹集中反映了良渚社会生活中神的威严和神圣，既是以玉事神的巫觋们上天入地功能的写照，也是良渚部族尊崇的"神徽"（图 3-7）。

　　反山发掘在良渚文化田野考古操作方面取得了重要收获，不仅在墓葬考古上，而且在遗址堆积过程和整体格局上都取得了重要成果。与以往发掘墓葬不同，反山发掘将整个墓地作为聚落遗址的一个有机组成部分来对待，作为解剖良渚遗址群的剖面来着眼，从墓地的营造、各墓之排列及其相互关系、墓坑与墓内已腐朽棺椁葬具之关系、墓内随葬品的分布及其组合组装配伍关系、墓地与环境及诸遗址的关

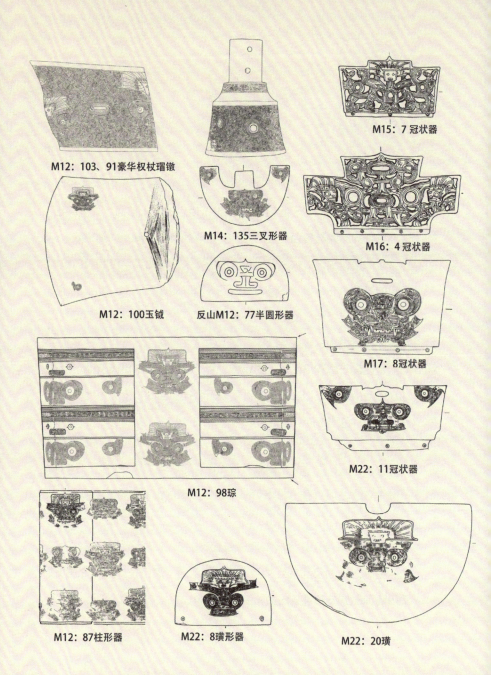

M12: 103、91豪华权杖瑁镦

M15: 7 冠状器

M14: 135三叉形器

M16: 4 冠状器

M12: 100玉钺

反山M12: 77半圆形器

M17: 8冠状器

M12: 98琮

M22: 11冠状器

M12: 87柱形器

M22: 8璜形器

M22: 20璜

图 3-7　反山雕琢不同形式神像的各类玉器（比例多不统一）

系加以综合考察 ①。

　　除了对棺椁制度的认识，反山发掘还确认了玉器组装、穿缀等配伍关系。由于在野外发掘时分层精心剥剔，在玉器组装、穿缀等配伍关系上取得了新的认识。玉钺杖的完整复原是其中重要的收获之一，虽然木质柄已腐朽不存，但经过精心剥剔，发现了镶嵌在柄上的小玉粒，确认了钺上端的玉质冠饰（瑁）和柄尾端的玉质端饰（镦），玉钺的全貌得以复原。反山 M12、M14 的玉钺杖在起取登记时被明确定名为"玉钺杖首"、"舰形玉杖首"、"镦"。反山 M14 玉钺杖的柄镶嵌大量玉粒，野外发掘时不但绘制了等大的图纸，而且根据出土状况，把镶嵌的玉粒粘附在米格纸上原样保存了下来。

　　另外，反山和随后的瑶山发掘中，根据出土状况和形制，一批玉器有了新命名。除了玉钺杖的冠饰（瑁）、端饰（镦），如冠状器，之前有"倒梯形玉佩"、"垂幛形玉佩"等多种称谓，认为有孔可以系挂作为佩饰；反山、瑶山的发掘，明确了这类玉器位于墓主头部附近，与人体佩饰不符；瑶山 M2：1 的短榫两面留有朱砂涂层，可推断这类玉器是以下端的扁短榫插在某种有机质实体的顶端；而通过神徽图

---

① 牟永抗：《浙江良渚考古又十年》，《东南文化》，1997 年第 1 期，第 10 页。

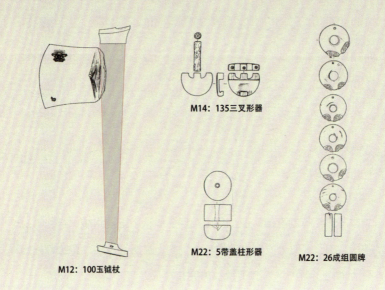

M14：135三叉形器

M22：5带盖柱形器

M12：100玉钺杖

M22：26成组圆牌

图 3-8　反山发掘重新命名的部分玉器

像上的尖顶大羽冠，可确认此类器物上端多雕琢成冠顶状，整件器物外形恰如一顶冠帽，遂新命其名为"冠状玉饰"（冠状器）。柱形器是根据外形新命名的玉器，基本上都是圆柱状，中部有竖向贯通的小孔。反山发掘中发现多例三件一组的柱形器，其出土有一定的规律，反山 M20 的三件柱形器以等距离分布在墓室的中轴线上，出土时明显高出墓内其他器物；反山 M23 的三件一组柱形器，其中两件滚落在右侧椁室内。带盖柱形器均位于墓室的南端，往往比其他器物位置略高，可能是棺盖前端上的附件（图 3-8）[1]。

①　王明达：《良渚玉器若干问题的探讨》，中国考古学会编：《中国考古学会第七次年会论文集（1989）》，文物出版社，1992 年，第 62 页。

　　神人兽面像（神徽）的发现，证明了过去良渚玉器上所谓的"兽面纹"实际上就是神人兽面像的简化形式。这种图像可以解释为一位头戴羽冠的英俊战神，他将其胸腹部位隐藏在兽面盾之后，做冲击前跳跃动作。另外一种解释是兽神的人形化，或是在兽面的表象里包含着人形的精灵，或是兽的精灵已具有人的形状。这种图像在良渚文化中的特殊地位，还表现在它被广泛地施刻在各种玉器上。琮、钺、璜、三叉形器、锥形器、冠状器、半圆形器、带钩及器柄等之上都有它的踪迹，它几乎遍及除玉璧之外的所有个体较大的器种上。与之关系最为密切的则莫过于琮和冠状器，所有良渚文化的玉琮，无一不刻有这种简化的图像[①]。

　　龙首纹玉器也是反山、瑶山发掘的新认识。反山 M22 成组圆牌上首次发现了龙首纹图像，随后在瑶山北列墓葬中发现多例，瑶山 M1：30 镯形器利用环身的宽平面和两外侧面，雕琢有四个相同的龙首形装饰，整个图案由正视图和两边的侧视图构成立体画面，龙首双目作半球形凸出于器表，额上阴刻三角形尖耳，鼻吻硕长，鼻梁上常

---

① 牟永抗：《良渚玉器上神崇拜的探索》，《庆祝苏秉琦考古五十五年论文集》编辑组编：《庆祝苏秉琦考古五十五年论文集》，文物出版社，1989 年，第 187、191 页。

饰菱形纹样，鼻翼刻在宽平的鼻端两侧，还有一排平齐的上列牙齿。细审图像各部，似为各种动物图形的结合，其形态与我国传统观念中的龙形颇为近似，以往称之为"蚩尤环"，重新命名为"龙首纹"。随着与红山文化玉雕龙形制甚为接近的单体玉龙的出土，之前笼统归属为"兽面纹"的以圆凸纹样为主要特征的玉管图案被重新确认为变体形式的龙首纹[①]。龙首纹是兽面纹的另一种图案形式，与兽面纹存在很大关系，根据对纹饰结构的比较分析，兽面纹很有可能从龙首纹发展而来，或至少包含了龙首纹的元素（图 3-9）[②]。

良渚玉器按性态大致可以归纳为三类：器形源于生产工具的钺，玉钺是礼制出现的指示器；涉及崇拜、信仰等与神或神权有关的专用器，琮是最重要的代表；与特殊礼仪有关的服饰、用具，如冠状器、三叉形器、成组锥形器等。它们共同反映了玉器的神圣化和神秘化，

① 刘斌：《良渚文化的龙首纹玉器》，杨伯达主编：《出土玉器鉴定与研究》，紫禁城出版社，2001 年，第 311—313 页。
② 方向明：《良渚文化玉器纹饰研究》，浙江省文物考古研究所编：《良渚文化研究：纪念良渚文化发现六十周年国际学术讨论会文集》，科学出版社，1999 年，第 197 页；方向明：《良渚文化玉器的龙首纹与神人兽面纹之兽面纹》，邓聪、吴春明主编：《东南考古研究》第三辑，厦门大学出版社，2003 年，第 175 页。

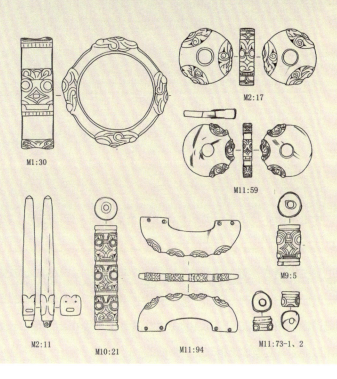

图 3-9　瑶山出土的不同形式的龙首纹玉器

成组玉礼器的出现标识着一种礼仪制度——礼制的开始。[①] 反山出土
的玉器品质上乘、数量丰富、种类齐全、雕琢精美，是良渚文化中心
良渚古城和周边区域的一整套用玉礼制的反映，更是良渚文化分布区
用玉礼制的代表。在此，根据功能将其分为六种：葬具上的礼仪用
玉、反映神权的琮和衍生的琮式玉器、反映王权的玉钺和其他权杖、
发展为财富观念的璧、礼仪服饰用玉、礼仪工具用玉等。

----

① 　牟永抗、吴汝祚：《试论玉器时代——中国文明时代产生的一个重要标志》，
苏秉琦主编：《考古学文化论集（四）》，文物出版社，1997 年，第 169、170 页。

(一) 葬具上的礼仪用玉

　　葬具上的礼仪用玉主要包括放置在棺盖上的三件一组的柱形器、镯形器等。位于墓主头端部位的带盖柱形器有可能作为棺饰，但也可能是墓主的特殊头饰。良渚安溪后杨村 M4，3 件琮式柱形器放置在盖板的前、中、后端，是迄今所见良渚大墓中成组柱形器原始放置状态最清晰的墓例，佐证了反山 M14 发掘时关于等距离分布的一组 3 件柱形器原先应该位于棺盖上的判断。

　　1. 等距离放置在棺盖上的一组 3 件柱形器

　　柱形器，又称柱状器，外形为圆柱形，中部有一贯通的小圆孔。成组柱形器一组 3 件以等距离放置在棺盖上，部分位于棺底的可能作为"镇"使用。除了前面提到的反山 M14 位于棺盖上的一组 3 件成组柱形器之外，反山 M16、M20、M23 也有发现，它是良渚遗址群高等级墓葬的标识之一。

　　反山 M16 出土 7 件柱形器，其中 M16 : 5、51 分别位于墓室两端，M16 : 13 位于墓室中部，略高于周边玉器，此 3 件应为放置在棺盖上的成组柱形器。M16 : 17、19 和 M16 : 94、1 分别位于墓室南端和中部，很可能是棺内作"镇"用的柱形器。

　　反山 M23 一组 3 件成组柱形器，出土时 2 件滚落到棺的外侧
（2、3）。

　　反山 M20 一组 3 件成组柱形器为琮式，出土时在同一高度的其
他器物均未露头，通高 6.5~6.8 厘米不等（图 3-10）。

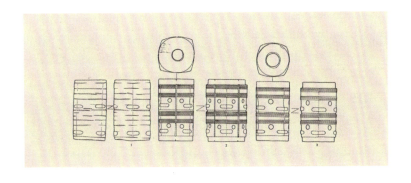

图 3-10　反山 M20：1—3 琮式柱形器

　　2. 带盖柱形器功能的两种可能：棺饰或头饰

　　带盖柱形器的盖和柱形器配成一套，玉质、玉色、直径皆相同，
为同一玉料分割而成。盖的底面平整，钻有一对隧孔，盖顶面弧凸。

图 3-11 瑶山 M9 带盖柱形器出土状况

带盖柱形器仅出土于良渚遗址群的大墓中，除了瑶山 M11 之外，均
为男性显贵大墓；且均出土于墓主的头端部位，瑶山 M9：1 带盖柱
形器出土时，盖部位于柱形器之下，柱体的图纹正置（图 3-11）。带
盖柱形器通过盖背面的隧孔和柱体的贯孔串系，可能作为特别的棺
饰，也不排除是用于墓主束发的饰件。

反山仅 M15、M18 未出土带盖柱形器，可见虽没有性别之分，
却有等级之别。

反山 M17、M22 带盖柱形器，盖和柱体出土时彼此相邻，尤其
是 M17：10 带盖柱形器，盖体和柱体几乎合缝，通高 5.93 厘米，外
径 4.7 厘米（图 3-12）。

图 3-12　反山 M17 带盖柱形器出土状况

　　反山 M20：41、59 带盖柱形器通高 7.35 厘米，柱体外径 4.22~4.3 厘米，盖体外径 4.55 厘米，出土时盖和柱体分离，被成组半圆形器的 1 件叠压（44）。作为缝缀物的成组半圆形器是一个环周状的"王冠"，不一定佩戴，也可能仅是放置在墓主头上方的部位，带盖柱形器位于它的下方。如果排除系挂带盖柱形器的细绳在有空间的情况下先断裂了，它极有可能不是棺饰，而是墓主的头饰，比如束发后的特别装饰。带盖柱形器的盖体和柱体组合，与作为耳饰的半球形隧孔珠和玉管的组合在形制上极为一致，仅是大小悬殊而已。不排除盖体和柱体的合缝间还另外夹杂丝帛物质的可能（图 3-13）。

图 3-13 反山 M20：41、59 带盖柱形器

（二）反映神权的琮和衍生的琮式玉器

琮是良渚文化最具代表性的玉器。良渚文化琮主要分为外形近似环镯的镯式圆琮、四角节面凸起明显的矮方琮、高体型的多节琮三类。良渚文化琮的功能较为复杂，有作为臂钏佩戴的，有放置于头侧（枕于头下）等特别位置的，有放置于肢体旁的，甚至还有作为特别的器座插放豪华象牙权杖的。良渚文化琮的基本形制和要素包括圆形的外廓、四角、分割四角的直槽、中间贯穿的射孔，以及四角以整体展开法 [①] 展示的神像图案。所有的良渚文化玉琮，都刻意雕琢为上大下小的形制，刻意表现仰视的视角。

如果对良渚文化琮进行解构，把琮上下的圆视为天地，把贯穿上下的射孔视为通道和主柱，把连接琮上下的节面和直槽视为方位和通道，那么这一复杂的立体几何形，即是当时天地宇宙观的微缩模型。琮往往为高等级的墓主人所拥有，反映了宇宙观和神权的结合。反

---

① 整体展开法，既表现物体正面的形象，同时也表现物体的两个侧面，如商周青铜器上的饕餮纹。马承源：《商周青铜器纹饰综述》，上海博物馆青铜器研究组编：《商周青铜器纹饰》，文物出版社，1984 年；又马承源：《中国青铜器研究》，上海古籍出版社，2002 年，第 257—258 页。

山、瑶山出土有琮的墓葬，其墓主多为男性（反山 M23 除外），琮的
数量和品质与墓葬等级密切相关，琮因此也被作为掌握神权的象征。

　　良渚玉器的源头之一——距今五六千年的凌家滩文化中，曾发现
一件刻纹玉版（凌家滩 87M4：30）[①]，其上的图案与仰视角度的琮的
展开示意图有着惊人的一致性，似乎是琮的先行设计（图 3-14、图
3-15）。瑶山 M9 是迄今为止良渚遗址群年代最早的显贵大墓，虽然
出土的琮为环镯形的镯式圆琮，但是多节面的小琮形制已经完全与矮
方琮一致，这说明良渚遗址群在拉开良渚文明大幕的伊始，琮的基本
形制就已经一步到位设计好了。

　　反山九座大墓中共出土玉琮 20 件，功能丰富。

----

① 安徽省文物考古研究所：《凌家滩：田野考古发掘报告之一》，文物出版社，
2006 年，第 47 页；牟永抗：《关于璧琮功能的考古学观察——良渚古玉研究之
一》，浙江省博物馆编：《东方博物（第四辑）》，浙江大学出版社，1999 年，
第 29—38 页。

图 3-14（左） 反山 M12 琮王和仰视解构示意

图 3-15（右） 安徽巢湖凌家滩 87M4：30 刻纹玉版〔凌家滩文化〕

1. 枕于头下的琮王

反山 M12 和被盗的瑶山 M12 均有小射孔的大琮各一件。反山
M12：98 大琮位于墓主头部一侧。属于良渚文化晚期的江苏武进寺墩
M3 墓主头端部位也出土有一件小射孔的大琮（M3：5），寺墩曾采集
有这类大琮 3 件（寺：19、24、27）[1]，可见良渚遗址作为良渚文化中
心在用玉制度上对周边区域的影响力。

反山 M12：98 大琮出土时正置，射面上还散落有作为头饰的
成组锥形器，反山 M12 墓主的胸腹部位还有基本保持椭圆形分布的

① 南京博物院：《1982 年江苏常州武进寺墩遗址的发掘》，《考古》，1984
年第 2 期；陈丽华：《常州市博物馆收藏的良渚文化玉器》，徐湖平主编：《东
方文明之光——良渚文化发现 60 周年纪念文集》，海南国际新闻出版中心，
1996 年，第 66 页。

图 3-16　反山 M12 大琮出土状况

一组达 70 件的管串（149），这些管串极可能是墓主的项饰或者用于裹尸的饰件，如是，那么 M12：98 大琮恰好枕于墓主的头下（图3-16）。

反山 M12：98 琮，器形呈扁矮的方柱体，内圆外方，上大下小，上下端为圆面的射（参见线图标注），中有对钻射孔，留有双向管钻取芯后的台痕；下端有取料时形成的凹缺。整器俯视如壁形。琮体外壁四面由约 5 厘米宽的直槽分割，再由横槽分为两组四节，分别为神人节面、神兽和神鸟节面、神人节面、神兽和神鸟节面，每节高度若一。直槽内上下各琢刻神人兽面像，共 8 个，结构基本一致，细部有差异，单个图像高约 3 厘米、宽约 4 厘米，用浅浮雕和细线刻两种技法雕琢而成，堪称微雕。节面图案以整体展开法表示，神人节面的弦纹之间填刻螺旋和小尖喙组合图案，神鸟与神兽共节面。整器通高8.9 厘米，上射面外径 17.1~17.6 厘米，下射面外径 16.5~17.5 厘米，射孔外径 5 厘米、内径 3.8 厘米。整器重约 6500 克。该琮体形硕大、玉质上佳、雕琢精美，被誉为"琮王"（图 3-17-1—3-17-3）。

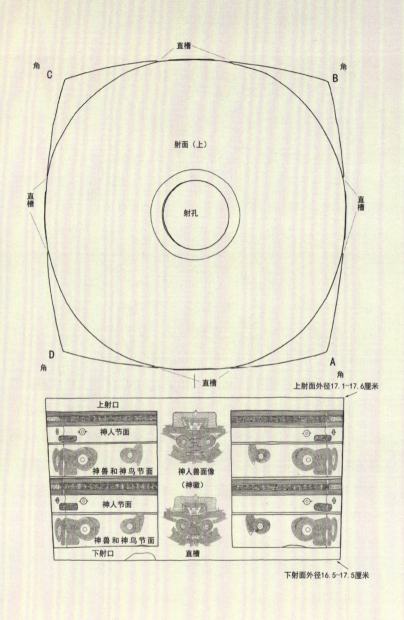

図 3-17-1　反山 M12∶98 琮的正视和俯视线绘

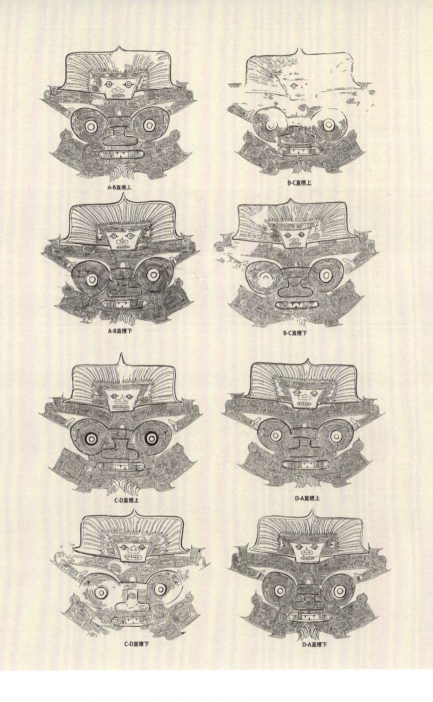

A-B直槽上

B-C直槽上

A-B直槽下

B-C直槽下

C-D直槽上

D-A直槽上

C-D直槽下

D-A直槽下

图 3-17-2　反山 M12：98 琮直槽的八幅神人兽面像线绘

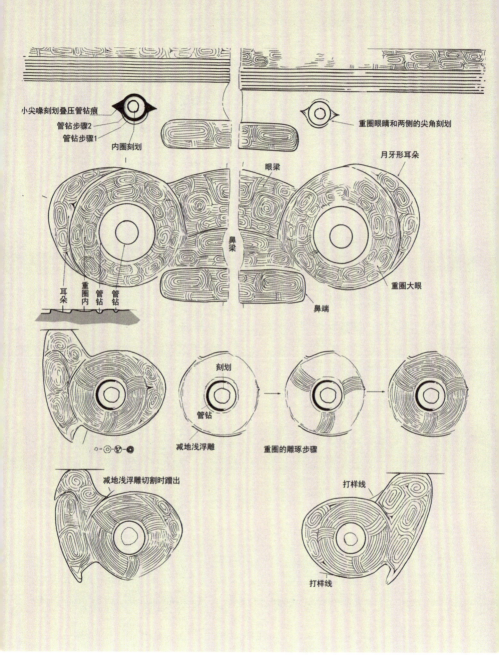

小尖喙刻划叠压管钻痕
管钻步骤2
管钻步骤1
内圈刻划

重圈眼睛和两侧的尖角刻划

月牙形耳朵

眼梁

鼻梁

重圈大眼

耳朵 重圈内 管钻 管钻

鼻端

刻划

管钻

减地浅浮雕

重圈的雕琢步骤

减地浅浮雕切割时蹭出

打样线

打样线

图 3-17-3　反山 M12：98 琮节面的神人兽面图案和神鸟纹线绘

2. 作为臂钏的琮

1996 年，中日合作桐乡普安桥遗址 M11 最早发现作为臂钏的玉琮[1]，之后，桐乡新地里遗址 M137 又得到了确认[2]。

反山墓地中虽然墓主骨殖早已腐朽不存，但是根据玉琮的出土位置和状况，可以判定 M12：92、95 和 93、97 琮，M16：8 琮，M17：1、2 琮（图 3-18），M18：6 琮可能作为臂钏。

图 3-18　反山 M17：1、2 琮出土状况

① 北京大学考古学系、浙江省文物考古研究所、日本上智大学联合考古队：《浙江桐乡普安桥遗址发掘简报》，《文物》，1998 年第 4 期。
② 浙江省文物考古研究所、桐乡市文物管理委员会：《新地里》，文物出版社，2006 年，第 313 页。

　　反山 M17：1、2 琮大致位于墓主人的左右腕部。M17：1 琮雕琢
有神人和兽面纹两节，通高 6.7 厘米，内径 6.2 厘米。M17：2 琮雕
琢有神人、兽面、神人纹三节，其中兽面纹重圈眼睛的斜上下分别雕
刻尖喙，通高 6.9 厘米，内径 5.9 厘米（图 3-19）。

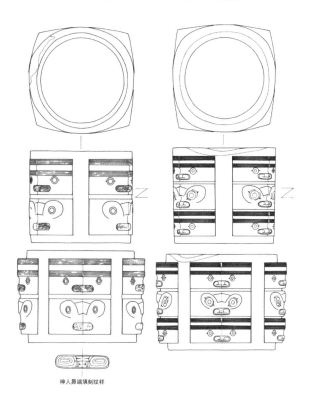

神人鼻端填刻纹样

图 3-19　反山 M17：1、2 琮

图 3-20　反山 M20 可能作为捧持物的玉琮的出土状况

3. 位于腰腹一侧，可能作为捧持物的琮

反山 M20 出土的 3 件玉琮（121—123）位于墓主腰腹部的右侧，彼此紧挨，可能作为捧持物（图 3-20）。

M20：121，雕琢有神人纹一节，其中一面眼睛分别由两次不同方向的管钻歪斜钻成，通高 3.1 厘米，内径 6.4 厘米。

M20：122，雕琢有神人和兽面纹两节，弦纹之间填刻螺旋线加小尖喙的纹饰，通高 6.8 厘米，内径约 5.65 厘米。该琮尚未全沁，其中保留的绿色晶体仍可透光。

M20：123，雕琢有神人纹一节，两下角刻弧形脸庞样线条，通高 5.2 厘米，内径 5.75 厘米（图 3-21）。

4. 可能作为额饰或头饰的琮

反山 M23 出土玉琮 3 件，其中 M23：22 位于墓主头端部位，也就是冠状器和项饰的璜串上部，极有可能作为额饰或（束发的）头饰（图 3-22）。

反山 M23：22 琮雕琢有神人纹两节，通高 4 厘米，内径 6.25 厘米（图 3-23）。

作为墓主头饰的除了琮，可能还有环镯类玉器。瑶山 M10 墓主头端部位有与反山 M23 类似的情况。瑶山 M10 在约 20 厘米 ×40 厘

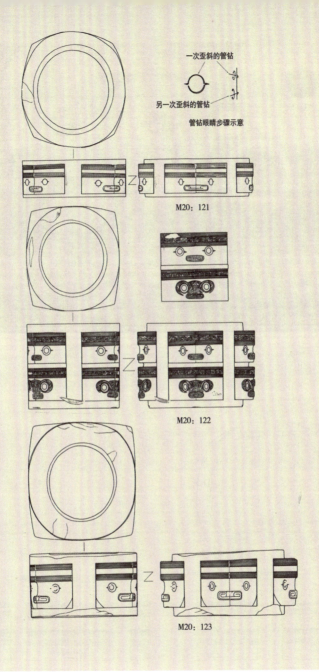

一次歪斜的管钻

另一次歪斜的管钻

管钻眼睛步骤示意

M20：121

M20：122

M20：123

图 3-21　反山 M20：121—123 琮

图 3-22　反山 M23：22 琮出土状况

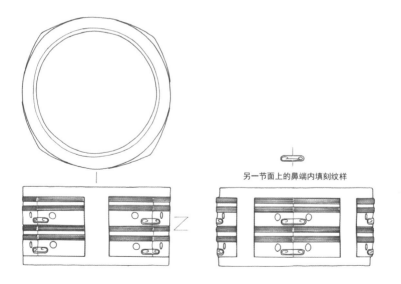

另一节面上的鼻端内填刻纹样

图 3-23　反山 M23：22 琮

米的范围内出土有带盖柱形器（2）、玉镯形器（3）、一组11件的成组锥形器（5）、三叉形器（6）、冠状器（4）和3颗玉粒（7）、小石钺（8）、两组一对的半球形和球形隧孔珠（9、10和11、12）（图3-24-1、图3-24-2）。瑶山M10：3玉镯形器叠压成组锥形器，这件玉镯形器可以排除棺盖上等距离放置玉柱形器的可能。头端部位出土玉镯形器或璧环类玉件，在崧泽文化的东山村墓地、凌家滩文化的凌家滩墓地就有发现，如张家港东山村M95，墓主头部上方出土玉环1件（M95：30）[1]。对凌家滩和崧泽玉文化有直接影响的红山文化，朝阳牛河梁N2Z1M1，墓主左颅骨顶出土1件有系孔大玉环，外径12厘米，内径9厘米[2]，可作为参考。瑶山M10：3玉镯形器极有可能与之类似，原先就位于墓主头上或盖在墓主的额头上。红山、凌家滩、崧泽与良渚早期玉文化存在着千丝万缕的联系，不是偶然（图3-25）。

[1]　南京博物院等：《东山村——新石器时代遗址发掘报告》，文物出版社，2016年，第262页。
[2]　辽宁省文物考古研究所：《牛河梁——红山文化遗址发掘报告（1983—2003年度）》，文物出版社，2012年，第78页。

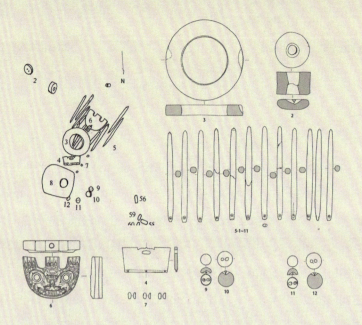

图 3-24-1　瑶山 M10 头端部位平面图及玉器

图 3-24-2　瑶山 M10 墓主头端部位玉器
随葬复原

图 3-25　反山 M23 墓主头端部位玉器
随葬复原

图 3-26　反山 M23：126 琮夹在玉璧之间的出土状况

5. 夹在玉璧之间的琮

夹在玉璧之间的琮仅发现于 M23。126 号琮夹在 124、128 号玉璧之间（图 3-26）。

反山 M23：126 是一件半成品琮，仅雕琢有神人纹一节的轮廓，射口和射孔内壁还分别留有片切割和管钻台痕，神人节面的减地面上切割痕迹也还未全部打磨完毕。通高 4.4~4.5 厘米，射孔外径上 5.2 厘米，下 5 厘米，射孔内径 4.3 厘米（图 3-27）。

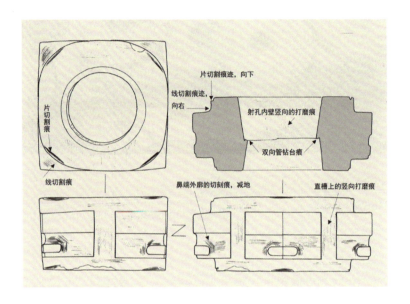

图 3-27 反山 M23：126 琮

6. 作为豪华权杖器座的琮

　　反山 M12 出土了一对交叉叠放于墓主上身部位的豪华权杖玉瑁
镦（91、103），豪华权杖的完整形制见于 2010 年青浦吴家场 M207
出土的一对雕琢神人兽面像的豪华象牙权杖。反山 M12：91 镦出土
时位于 M12：90 琮射孔内，排除了器物移位恰好掉入琮射孔的可能
性，M12：90 琮可能作为豪华权杖的"座"。

　　反山 M12：90 琮雕琢有两组神人和神兽纹，共四节，通高 6.6 厘米，内径 5.65 厘米。M12：91 镦通高 7.1 厘米，镦底面外径 5 厘米 ×5.3 厘米，刚好可以容纳于琮射孔内（图 3-28）。

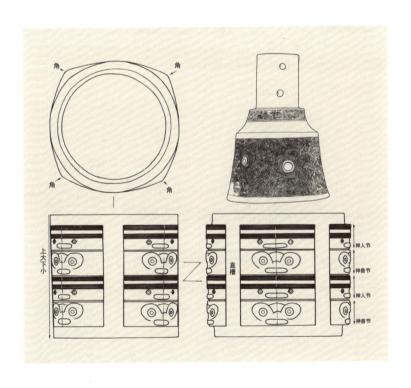

图 3-28　反山 M12：90 琮和 M12：91 镦

图 3-29 反山 M20:124 琮出土时射孔内的残存象牙器

通过反复甄别反山 M20:124 琮出土时的野外发掘现场照片，可以判定该琮的射孔中伸入了象牙器，该琮也是作为"座"使用的，这进一步丰富了我们对琮的功能的认识（图 3-29）。

反山 M20:124 琮雕琢有两组神人、神兽纹，共四节，神兽纹节面的两侧还雕琢有神鸟纹，通高 9.5 厘米，内径 6.5 厘米（图 3-30）。

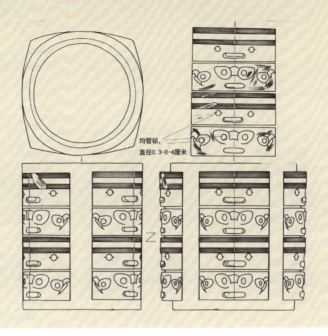

图 3-30　反山 M20：124 琮

7. 琮式玉器

除了单体的琮，琮的形状还被雕琢在锥形器、柱形器上，还有一类管状小型琮，称为小琮或琮式管。

琮式锥形器有单独成件的，也有出现在成组锥形器中，呈体形最长件。如反山 M12：117、118 带套管的琮式锥形器位于墓主下肢的右侧；反山 M16：11 琮式锥形器位于墓主右手手腕部，原先可能作为手握；反山 M20：67 琮式锥形器位于墓主左手手腕部，原先也可能作为手握；反山 M20：71 位于墓主下肢右侧；反山 M20：73 是成组锥形器中最长的，也是唯一雕琢有琮式纹样的锥形器，通长 18.4 厘米（图 3-31）。

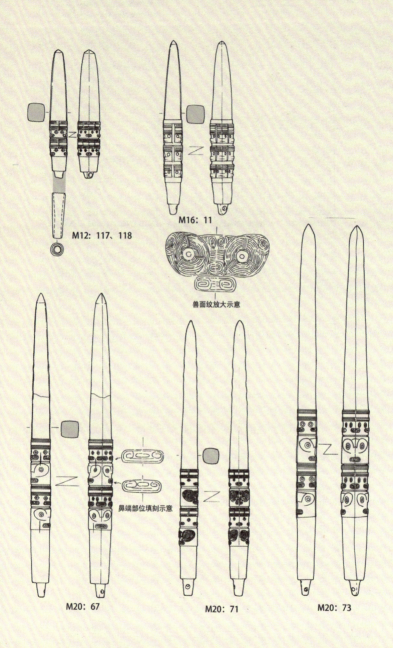

M12: 117、118

M16: 11

兽面纹放大示意

鼻端部位填刻示意

M20: 67

M20: 71

M20: 73

图 3-31　反山出土的琼式锥形器

　　琮式柱形器，如前文所述的反山 M20 等距离放置在棺盖上的 3
件一组琮式柱形器。反山 M12 墓主头部一侧出土一件特殊的琮式柱
形器——M12：87，两端切割有射口，下射面略小，中部有一对钻
的细圆孔。外壁雕琢有竖向四列、横向三层共十二幅神像，均以减
地浅浮雕和阴刻细线相结合的方法雕琢而成，分为神人兽面像和神

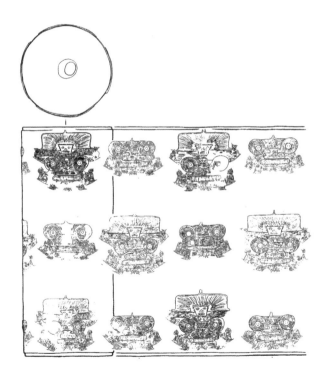

图 3-32　反山 M12：87 琮式柱形器

兽像两种，上下左右均错落布列，互为间隔。高 10.5 厘米，上射径
4.02~4.08 厘米，下射径 3.07~4.02 厘米，射高 1.5 厘米（图 3-32）。
不过，刘斌先生认为该器是圆琮的一种[1]。

　　琮式管外形如琮，也是外方内圆，有修长细小如玉管者，也有矮
柱体如琮的缩小版，《瑶山》报告中称之为"小琮"。琮式管出土位置
多样，有的属于串挂饰部分，有的作为玉钺捆系时的附件，也有单独
成件的。琮式管的图案形式也很丰富，有省略眼睛的，有左右两侧共
用一只眼睛的，也有在极为狭小的节面上细琢纹样的。

　　反山 M14 琮式管出土数量最多。其中 M14：173、80 琮式管应
该是串饰的组成部分；M14：168、169 琮式管成对出土，也应该是
串饰的组成部分；M14：170、190 琮式管的形制非常一致，彼此间
距较大，参考其他完整玉钺杖上下端出土的成对琮式管，这两件极有
可能是玉钺杖上的组件；M14：117 琮式管通长达 9.25 厘米，位于墓
主脚端部位，这一部位常放置形状较长的玉管，反山 M22 位于墓主
脚端随葬陶器部位的 59 号琮式管也是同样的情况（图 3-33）。

---

[1]　刘斌：《良渚文化玉琮初探》，《文物》，1990 年第 2 期。

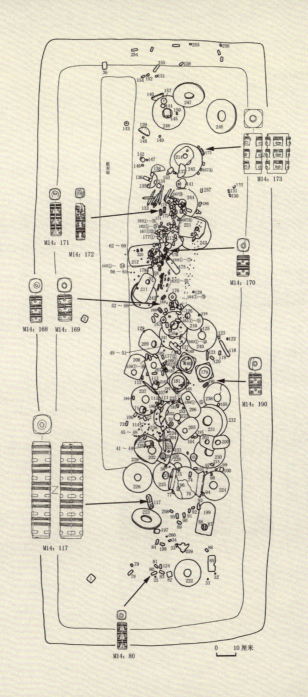

图 3-33　反山 M14 琮式管的出土位置

　　反山 M20 出土 5 件琮式管，其中 M20：81-1—81-3、107 琮式
管形制完全一致，M20：81-1—81-3 成组出土，位于成组半圆形器
的位置；M20：107 琮式管位于成组锥形器的下方，两端孔还有长期
串系留下的凸字形痕迹，通高 3.1 厘米；M20：87 琮式管有六节，各
为神人和神兽，弦纹之间填刻螺旋线，神兽纹内也填刻，虽然由于器
形小，刻划稍显凌乱，却是唯一一件弦纹之间还细刻纹样的琮式管，
通高 3.47 厘米（图 3-34）。

图 3-34　反山 M20：107、87 琮式管

反山 M17 出土 4 件琮式管，M17：21、29 琮式管是 M17：22 玉钺的配件，分别高 2.1 厘米、4.6 厘米；M17：25 琮式管不属于 M17：26 串系的串饰，应是 M17：22 玉钺杖中部的饰件，高 3.15 厘米（图 3-35）。M17：15 是单件出土的琮式管，雕琢有三节神人纹，未雕琢眼睛，通高 3.2 厘米（图 3-36）。

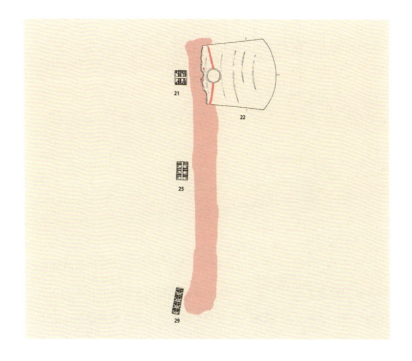

图 3-35　反山 M17 玉钺杖的复原

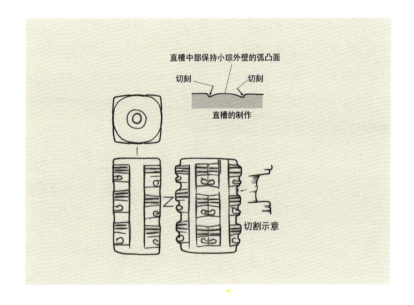

图 3-36 反山 M17 : 15 琮式管

反山 M15 拥有的成组锥形器是一组 7 件，冠状器为透雕加阴线刻，但没有出土琮和玉钺。M15 : 10 琮式管位于墓主身体左侧，形状呈矮柱形，通高 2.45 厘米，内径 0.4 厘米，上下射径遵循琮上大下小的原则，上射径 3.2~3.3 厘米，下射径 3.1~3.2 厘米，完全是大琮的缩小版，是大琮的替代品（图 3-37）。

图 3-37　反山 M15∶10 琮式管

（三）反映王权的玉钺和其他权杖

1. 玉钺杖

起源于斧钺的玉钺是墓主人权力和地位的象征。根据对甲骨文和金文的分析，斧钺是"王"字的本形，因此，拥有玉钺被认为是军事统帅的象征，被看作是王权的代表。长江下游地区穿孔石斧（钺）的出现可以追溯到马家浜文化时期，江苏金坛三星村遗址（"三星村文化类型"）出土了两套组装骨牙质瑁镦的豪华石钺[1]，说明早在 6000 年前，礼仪性的石钺就已经成为定制。凌家滩文化、崧泽文化时期开始出现玉质的斧钺，良渚文化时期玉石钺成为男性性别的标识，不同材质和不同形制的石钺有等级之分，玉钺的有无及是否组装玉质的瑁镦更成为身份等级和地位的象征。玉钺瑁形制独特，犹如纵向对折的冠状器；神像化的玉钺杖成为王权的标识。反山王陵里最高等级的 M12 中出土的玉钺，两面雕琢有神像和神鸟，彰显了王权神授的观念。M12 还出土了仅存瑁（冠饰）和镦（端饰）的豪华玉权杖的组件，结合后来上海青浦福泉山吴家场墓地 M207 出土的象牙权杖，可知当时确实有更为豪华的权杖[2]。反山 M12 大玉钺通长 17.9 厘米，上端宽 14.4 厘米，刃部宽 16.8 厘米，最厚处达 0.9 厘米，玉钺两面雕琢有神像和神鸟，神像仅 3.3 厘米 ×4.3 厘米大小（图 3-38-1—3-38-3）。

[1] 江苏省三星村联合考古队：《江苏金坛三星村新石器时代遗址》，《文物》，2004 年第 2 期。
[2] 上海博物馆：《上海福泉山遗址吴家场墓地 2010 年发掘简报》，《考古》，2015 年第 10 期。

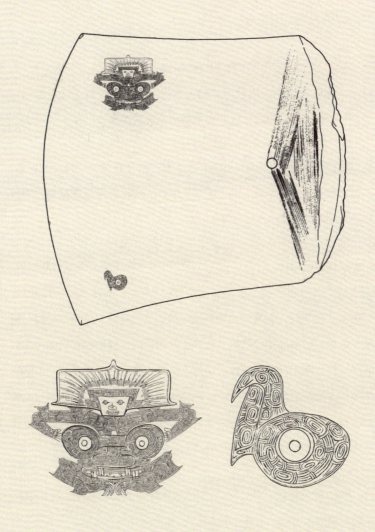

图 3-38-1—3-38-3　反山 M12 玉钺和玉钺上的神像、神鸟

除了 M12，反山 M14、M16、M17、M20都出土了玉钺，M12、M14、M20 出土的玉钺杖均装配玉瑁镦，M16 的仅有玉镦，而 M17 的则玉瑁镦全无，反映了这 5 座墓葬的等级差异。

M12 的玉钺杖（100、105）位于墓主身体左侧，玉钺刃部朝西，玉瑁镦间距约 70 厘米，其间还有 5 件小玉粒，应是玉钺杖柄上的镶嵌物（图 3-39）。

M14 的玉钺杖（177、221）位于墓主身体左侧，玉钺刃部朝东，玉瑁出土时严重错位，玉瑁镦间距约 70 厘米。玉钺上端一角缺损，但切割成台阶状，与另一也切割成台阶状的"补缺"玉件相吻合、拼接，两者的切割面均经打磨，补缺玉件的顶面也保留有双向的片切割痕迹，但切割的状况与玉钺上端的不一致，这也证明这是两个不同的个体。玉钺两面均残留有朱痕，并粘附小玉粒，已腐朽不存的玉钺柄部位有大量的镶嵌玉粒，考古学家就是根据这些玉粒的分布首次复原了玉钺杖的原貌（图 3-40）。

M20 的玉钺杖（143、144）玉钺本体移位，从玉瑁的出土情况看，玉钺刃部原本朝西，瑁镦之间相距约 74 厘米（图 3-41）。

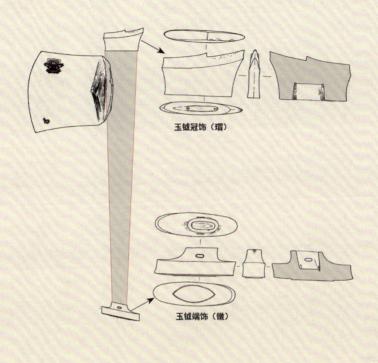

玉钺冠饰（瑁）

玉钺端饰（镦）

图 3-39 反山 M12 玉钺杖的复原示意

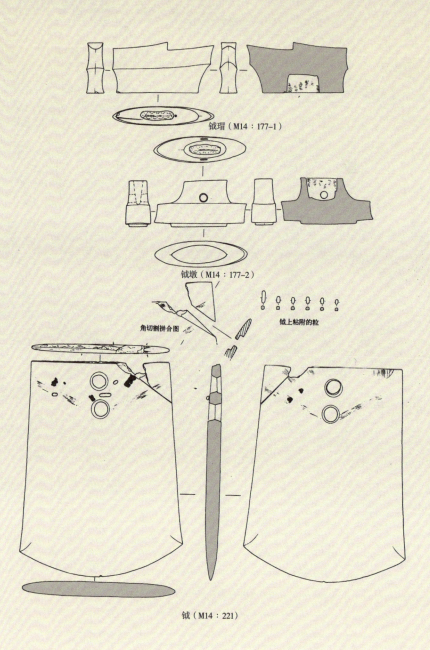

钺瑁（M14：177-1）

钺墩（M14：177-2）

角切割拼合图

钺上粘附的粒

钺（M14：221）

图 3-40　反山 M14 玉钺杖

图 3-41　反山 M20 玉钺杖

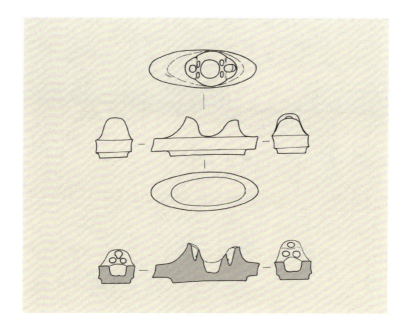

图 3-42　反山 M16：48 玉钺镦

M16 的玉钺杖位于墓主身体右侧，玉钺刃部朝西。M16：48 玉
钺镦的形制甚为考究，高 2.25 厘米，长 6.15 厘米，整体横截面呈椭
圆形，端面切割呈椭圆形样的凸块。榫头状的安插面钻有三个卯孔，
其中中间一个直径较大，约 1 厘米，两侧各有一小卯孔，并有竖向隧
孔，如何捆系不明（图 3-42）。

2. 豪华权杖

反山 M12 还出土了一组豪华权杖的瑁镦（M12：91、103），出土时交叉叠放于墓主上身，两者之间相距约 55 厘米。镦位于 M12：90 琮射孔内，可知该琮曾作为这一豪华权杖的"座"使用。2010 年上海福泉山遗址吴家场墓地良渚文化晚期 M207，墓主两侧分别出土了一对象牙权杖，权杖主体雕琢有十组神人兽面像，下端插入镦部，镦部雕琢有两组神兽纹和神鸟纹，权杖通长约 79 厘米，上下端的基本形制与反山玉瑁镦完全一致（图 3-43）。与反山 M12：91 镦形制接近的还有瑶山 M7：29 镦，卵孔内底至底面也有小孔，但是权杖整体情况不明，与之配伍的端饰也还不太清楚。

M12：103，瑁，端面及瑁体周身均刻划纹饰。端面为螺旋线和小尖喙的组合纹饰。瑁体以两侧面为中心展开雕琢有神人兽面像，两面正中另雕琢有围绕椭圆形的螺旋纹，与螺旋线和小尖喙组合的地纹浑然一体。通高 5.72 厘米。

M12：91，镦，整器高 7.1 厘米。上部为横截面呈椭圆形的突榫，榫长 2.65 厘米，突榫内掏膛成卵孔，突榫扁圆的两侧各相对对称钻有卵销孔。突榫下周缘刻划一周四组的变体鸟纹，以小尖喙和椭圆形螺旋线表示。其下雕琢有两组神兽像，以螺旋线围绕的钻孔为间

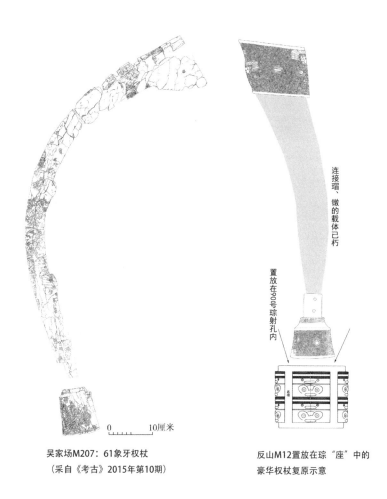

吴家场M207：61象牙权杖
（采自《考古》2015年第10期）

连接瑁、镦的载体已朽

置放在90号琮射孔内

反山M12置放在琮"座"中的
豪华权杖复原示意

0   10厘米

图 3-43   吴家场 M207：61 象牙权杖和反山 M12 的豪华权杖复原

隔，两个钻孔与底面钻孔相接。整器横截面略呈椭圆形，镦底部外径
为 5 厘米 ×5.3 厘米（图 3-44-1—3-44-5）。

图 3-44-1　反山 M12 豪华权杖的玉瑁镦线图

Earthen pyramid:
Fanshan Royal Cemetery

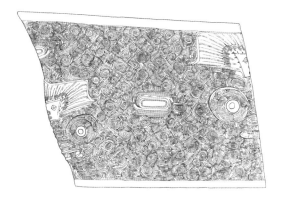

图 3-44-2　反山 M12 豪华权杖的玉瑁镦线图

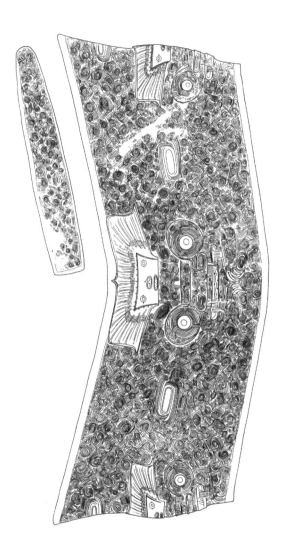

图 3-44-3　反山 M12 豪华权杖的玉瑁镦线图

Earthen pyramid:
Fanshan Royal Cemetery

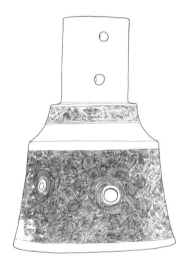

图 3-44-4　反山 M12 豪华权杖的玉瑁镦线图

104

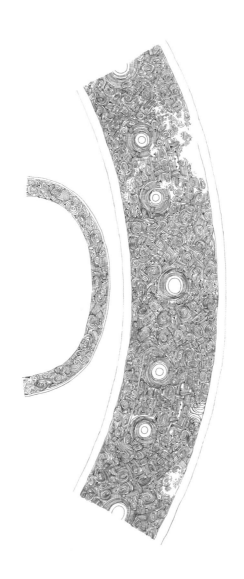

图 3-44-5　反山 M12 豪华权杖的玉瑁镦线图

3. 其他权杖（端饰）

此外，反山还出土了其他权杖上各种形式的端饰，由于载体和配伍关系尚不能完全明确，暂时按照形制分为榫头、卯孔、贯孔、镶插等多种形式。一些端饰成对出土，一些端饰成组出土；一些墓葬之间的端饰存在形制上的共性，一些则是独一无二的。反山 M22：24 端饰的卯孔内还遗留有象牙质的杖，端饰高 3.4 厘米（图 3-45）。

图 3-45　反山 M22：24端饰

M20 各类端饰共 29 件，分为卯孔端饰、榫头端饰、贯孔端饰和镶插端饰。M20 是反山出土端饰最多的墓葬。虽然端饰的有机质载体已经朽烂不存，但通过分析发现，同类的端饰往往两两相对，或成组出土，它们之间存在配伍关系的可能性较大，但不能排除不同类型端饰之间可能存在的配伍关系。

反山 M20：48、49 位于墓室北一侧，卯孔面直径一致，卯孔朝向相对，两者间距约 80 厘米，可能存在配伍关系；M20：75、76 位于墓室南一侧，卯孔面直径接近，间距较为接近，约 10 厘米；类似的还有 M20：140-1、141 等（图 3-46）。

　　反山 M20 还出土了形状大小较为接近的多件端饰，如反山
M20：134、173-2、173-1、77-2，M20：51、58、77-1，M20：
130、159 等，这些端饰有的可能存在彼此配伍的关系，有的则可能
单独作为杖端饰（图 3-47）。

　　此外，反山 M20 还有集束状成组的端饰和一些特别形制的端饰。
如 M20：52—57、74 弦纹端饰，呈集束状位于墓室中部的西侧，榫
头朝向南，器身切磨 3~4 周弦纹，底端切磨有凹槽，顶端为突榫状，
1 件顶端有对钻小孔。反山 M20 这组 7 件端饰可与瑶山 M11：30 一
组 7 件弹形端饰相比较。又如 M20：131 镶插端饰，整器横截面弧
弯，弧凸面雕琢有兽面纹，榫头上钻有两小孔，固定卯销于柄形器的
卯孔中。又如 M20：203 镶插端饰，整器横截面呈甚扁的椭圆形，安
插面钻有两卯孔，端面有弧状凹缺。这类形制和出土位置接近的镶插
端饰还发现于反山 M12、M14、M23 等出土成组半圆形器（"王冠"）
的墓葬，是反山高等级墓葬中特有的端饰（图 3-48）。

　　反山 M17 出土端饰 9 件，其中 M17：4 卯孔端饰和 M17：6 榫
头端饰、M17：5 卯孔端饰和 M17：3 榫头端饰的接触面周径较为接
近，可能存在配伍关系。M17：16 和 M17：42 卯孔端饰大小形状接
近，或存在配伍关系。而 M17：52、53 为一组 2 件，性质与其他墓
所发现的此类一组多件器性质一致（图 3-49）。

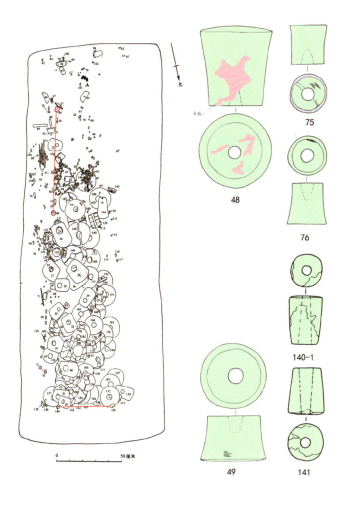

图 3-46　反山 M20 可能存在配伍关系的三组 6 件端饰

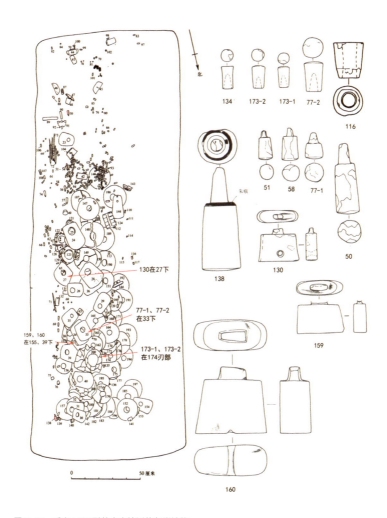

图 3-47　反山 M20 形状大小接近的各类端饰

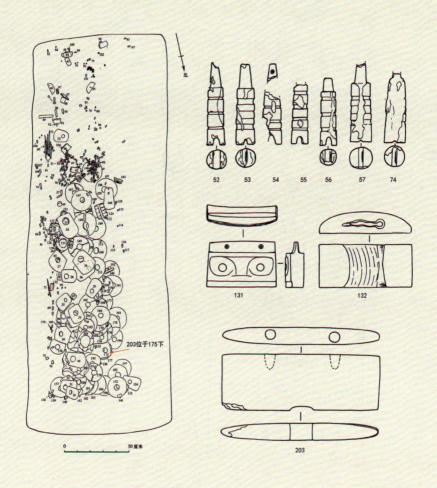

图 3-48 反山 M20 特殊端饰

反山 M14 出土端饰 14 件。除了 M14：85、74 等特殊端饰外，形制大小一致、出土位置相邻的成组端饰有三组：M14：90、95 一组 2 件位于墓主脚端部位；M14：216、97-1 类似反山 M12：112、113 端饰的情况；M14：132、186 一组 2 件，位于墓主头部左侧（图 3-50）。

反山 M23 出土端饰 15 件，其中 M23：197、206 卯孔端饰位于墓主脚端部位，呈扁圆状。M23：206 出土时被随葬陶器碎片所压，两件应为一组（图 3-51）。

值得注意的是，这些丰富多样的权杖端饰主要出土于良渚遗址群内的高等级墓葬中，足见以良渚古城为中心的良渚遗址群在良渚文化中的地位。上海青浦福泉山遗址仅 M9、M60 各出土 1 件榫头端饰（M9：33、M60：29）[1]。

----

① 上海市文物管理委员会：《福泉山——新石器时代遗址发掘报告》，文物出版社，2000 年，第 94 页。

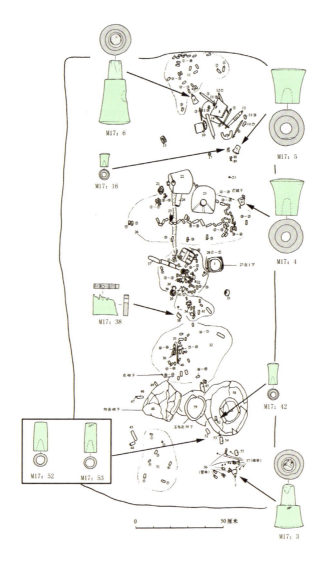

图 3-49　反山 M17 端饰出土平面位置示意

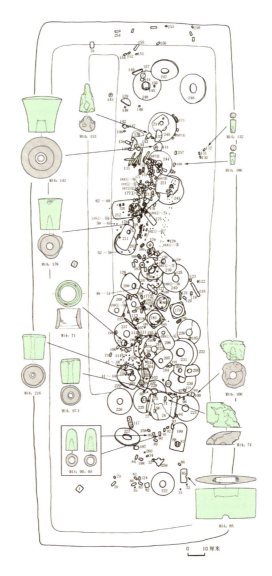

图 3-50　反山 M14 端饰出土平面位置示意

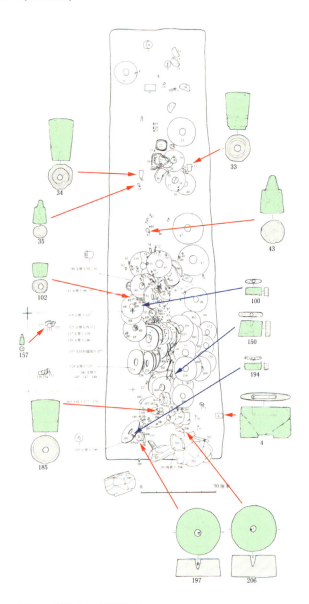

图 3-51　反山 M23 端饰出土平面位置示意

（四）发展为财富观念的璧

璧环类玉器出现较早，红山文化、凌家滩文化中就已出现，尤其是凌家滩文化的璧环，有通过线锼形成的双重璧环、锯齿状璧环等多种形式，寓意着对太阳的崇拜和对天地的观察，只是那个阶段的璧环形体都较小，与良渚文化玉器中的成组圆牌形体较为接近。良渚文化璧的发展经历了从小型璧环到大孔璧环（所谓"瑗"）直至最后定型的过程。瑶山主体年代属于良渚文化早期，也是其未出土典型良渚文化璧的原因所在。

良渚文化璧一般受沁程度较轻，较多地保留了玉材的本色，这可能与其含铁量较高有关。玉材品质一般，一些考古学家推测其可能是"财富"的象征物，也是礼的内涵之一[1]。

反山是迄今为止出土玉璧数量最多的墓地，共130件。其中M23出土54件，是迄今为止出土玉璧数量最多的良渚墓葬；M20出土43件，2件可能原先放置在棺盖上，棺内随葬41件（图3-52）。反山M20：186玉璧品质和工艺最为精美，璧的宽度（所谓"肉"）

---

① 王明达：《反山良渚文化墓地初论》，《文物》，1989年第12期，第51页。

图 3-52　反山 M20 玉璧出土局部状况

和璧的穿孔（所谓"好"）之比为 3.6：1，称得上是良渚文化玉璧的黄金比例（图 3-53）。

图 3-53　反山 M20：186 玉璧

良渚文化的高等级墓葬中，品质较好、后期打磨比较精细的璧，出土的位置往往在墓主的上身部位，或有意地呈纵向放置，而那些制作稍粗糙的璧，往往呈堆叠状位于墓主的脚端部位。如反山 M20，除了放置在棺盖上的 2 件，色泽偏黄色的玉璧有 12 件，呈纵向置放于棺内，其余玉璧多成组叠放，以 146、

186、147、148 一组，149、150 一组，163、165、168 一组，195、177、176 一组最为清晰（图 3-54）。

　　良渚文化晚期，玉璧的体形越来越大。江苏无锡邱承墩 M5：28 玉璧，外径达 26.4~26.8 厘米，是迄今为止出土的体形最大的良渚玉璧[1]。良渚安溪百亩山刻纹玉璧外径 26.3 厘米[2]，余杭临平玉架山刻纹玉璧外径 24.7 厘米[3]，都是体形较大的玉璧。良渚文化晚期制作考究的玉璧，缘面往往内凹，玉架山刻纹玉璧缘面刻划图符。美国佛利尔美术馆一号刻纹璧，除了两面分别雕琢云状和鸟立台形图符之外，缘面雕琢顺向的两组对称飞鸟及羽状图符，以螺旋纹间隔[4]，产生一种横向旋转的动态效果，为良渚文化时期之后的龙山时代出现的牙璧埋下了伏笔。

[1]　南京博物院、江苏省考古研究所、无锡市锡山区文物管理委员会：《邱承墩：太湖西北部新石器时代遗址发掘报告》，科学出版社，2010 年，第 156 页。

[2]　浙江省博物馆：《史前双璧》，浙江古籍出版社，2009 年，第 127 页。

[3]　楼航、葛建良、方中华：《浙江余杭玉架山发现良渚文化环壕聚落遗址》，《中国文物报》，2010 年 2 月 26 日。

[4]　邓淑蘋：《由良渚刻符玉璧论璧之原始意义》，浙江省文物考古研究所编：《良渚文化研究：纪念良渚文化发现六十周年国际学术讨论会论文集》，科学出版社，1999 年，第 203 页。

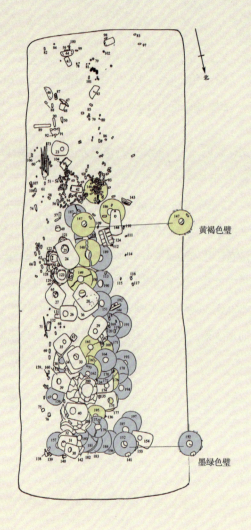

黄褐色璧

墨绿色璧

图 3-54 反山 M20 玉璧出土平面示意

（五）礼仪服饰用玉

　　礼仪服饰用玉包括头饰、项饰、胸饰、臂钏、带钩和各种形式的穿缀玉器。头饰又包括冠状器及仅男性显贵使用的三叉形器、成组锥形器、成组半圆形器等（图3-55）。项饰除了管串和珠串，主要是女性显贵佩戴的璜、成组圆牌等各类原始组佩。各种形式的穿缀玉器种类繁多，有不同几何构型的穿缀玉器，也有鸟、蝉、鱼、龟等动物造型的穿缀玉器。

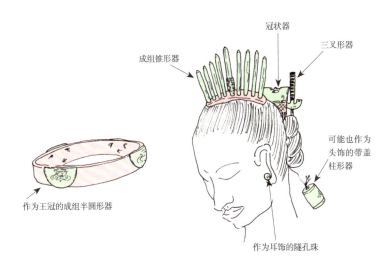

图3-55　反山M12墓主人头饰复原

1. 冠状器

除了良渚文化早期少数冠状器顶部有平顶和半圆形，绝大多数冠状器的顶部和外形直接取之于神人兽面像的介字形冠帽。冠状器（冠状饰）是反山、瑶山发掘中被新命名的玉器，由于其出土时往往下方有成片的朱砂痕迹和用玉镶嵌的小玉粒，因此曾一度被推测不排除是涂朱嵌玉的木质神像。1999 年，浙江海盐周家浜 M30 冠状器卯销在象牙梳上，完全解决了冠状器的使用功能问题（图 3-56）[①]。

图 3-56　海盐周家浜 M30 卯销在象牙梳上的冠状器

....

① 蒋卫东、李林：《海盐周家浜遗址抢救发掘获硕果》，《中国文物报》，1999 年 11 月 17 日。

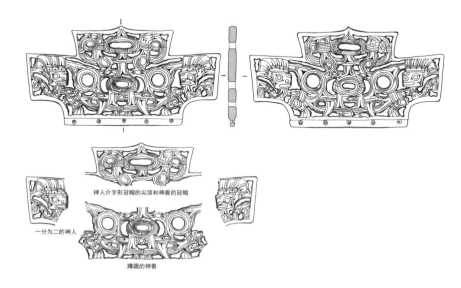

神人介字形冠帽的尖顶和神兽的冠帽

一分为二的神人

蹲踞的神兽

图 3-57　反山 M16：4 冠状器

反山 M16：4、M15：7 冠状器利用透雕和阴线刻划相结合的技法展现神人兽面像。M16：4 冠状器的神人一分为二，位于神兽像的两侧，而神兽像采用的是蹲踞的姿势，与神人兽面像上的神兽肢爪形式明显有别，通高 5.27 厘米，中宽 10.34 厘米，最厚处 0.4 厘米（图 3-57）。

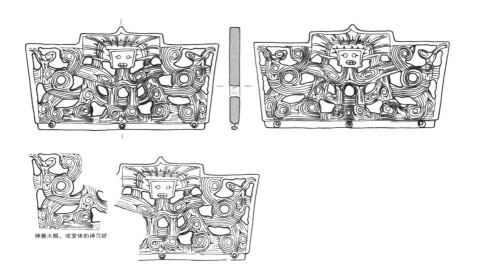

神兽大眼，或变体的神鸟纹

图 3-58　反山 M15：7 冠状器

　　反山 M15：7 冠状器，顶部和神像的介字形冠帽融为一体，神像的冠帽、胸腹部位清楚，上肢和神兽不明晰。神像上肢两侧的图案可视作神兽大眼，也可视作变体的神鸟纹。M15：7 冠状器整器构型的顶部凸起呈台形，与良渚文化晚期玉器上的台形铭刻图符及好川文化时期柄形器上的台形镶嵌玉片形制颇为接近，彼此应存在发展关系。整器通高 3.9 厘米，上宽 6.8 厘米，厚 0.3 厘米（图 3-58）。

　　反山 M22：11 冠状器，两面雕琢神兽及（两侧的）神鸟，神兽顶部为介字形冠的尖凸，下肢省略，仅为蒜头状的纹样。鸟纹朝向外侧，鸟身与神兽大眼一致。整器通高 5.27 厘米，上宽 5.4 厘米，中宽 10.34 厘米，下宽 6.3 厘米，最厚处 0.4 厘米（图 3-59）。

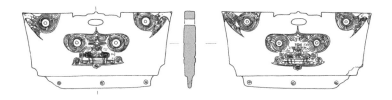

图 3-59　反山 M22：11 冠状器

　　反山 M17：8 冠状器，正面雕琢神兽像，神兽的眼、鼻、嘴、下肢俱全，大眼之间的眼梁为弧拱形。整器高 5.97 厘米，宽 9.15 厘米，厚 0.55 厘米（图 3-60）。

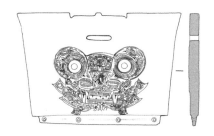

图 3-60　反山 M17：8 冠状器

2. 三叉形器

三叉形器通过下端的贯孔镶插簪体，与冠状器镶插在梳体上一样，均作为墓主束发的插件。桐乡普安桥 M11 中墓主头骨痕迹清晰可辨，三叉形器叠压冠状器，两者紧贴在一起，由此可断定三叉形器和冠状器都插在墓主后脑的束发部位（图 3-61）。三叉形器仅见于良渚遗址群及周边区域，至嘉兴地区渐渐阙如，不见于苏沪的良渚文化分布区，具有很

图 3-61　三叉形器的复原示意

强的地域性。三叉形器的上端往往有一根玉管与之配伍，使得中叉的长度大大延伸。三叉形器形制独特，有学者认为其造型与玉鸟颇具神似之处[①]。瑶山出土的刻纹三叉形器上，神人的冠冕和羽线被雕琢在三

---

① 刘斌：《关于良渚玉器分类与定名的几点认识》，浙江省余杭市政协文史资料委员会编：《文明的曙光——良渚文化》，浙江人民出版社，1996 年，第 231 页。

叉的上端，也可能与羽冠造型有关。三叉形器的背面多有凸块，是否还有其他的装配，目前尚不明确。

已知配伍三叉形器的最长玉管是反山 M17：9，长达 12.48 厘米，与中叉组装后整器可长达 15.3 厘米（图 3-62）。

M14：135 是反山墓地唯一一件正背面雕琢图像的三叉形器，正面微弧凸，背面三叉的上端和下端的正中部切割为凸块，凸块上皆钻有贯孔。正面中部刻划神兽，两叉上部各刻划鸟纹，鸟首朝向外侧，鸟身与神兽像大眼一致，尾部为多组羽状线，与神像介字形冠帽内的填刻一致。背面凸块上的纹样，左右仍以大眼为主题，上为螺旋纹装饰，下为变形的鼻，整体也是一幅拆散的变形神兽像。整器高 3.75 厘米。出土时中叉上方有一长 2.75 厘米的玉管与之配伍（图 3-63）。

反山 M12：83 三叉形器中叉上方配伍弦纹玉管，以上下两道为一组，共八组，每道宽不足 3 毫米，刻划线条多达 10 条。两叉上方各钻一小孔。三叉形器高 3.4 厘米，玉管长 7.7 厘米（图 3-64）。

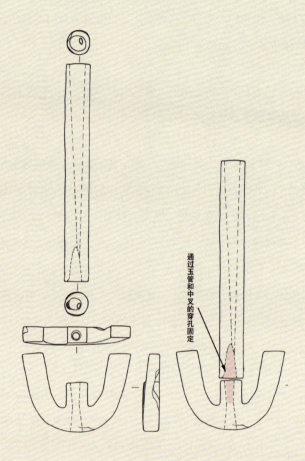

通过玉管和中叉的穿孔固定

图 3-62　反山 M17∶9 三叉形器

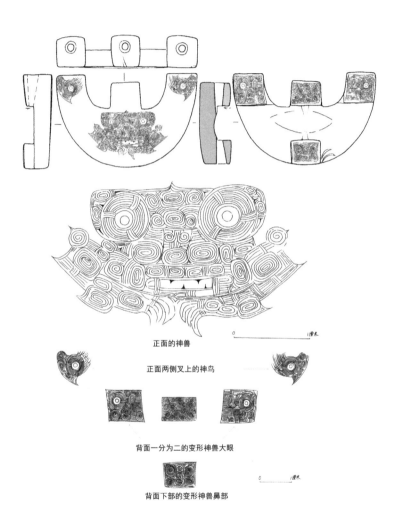

正面的神兽

正面两侧叉上的神鸟

背面一分为二的变形神兽大眼

背面下部的变形神兽鼻部

图 3-63　反山 M14：135 三叉形器

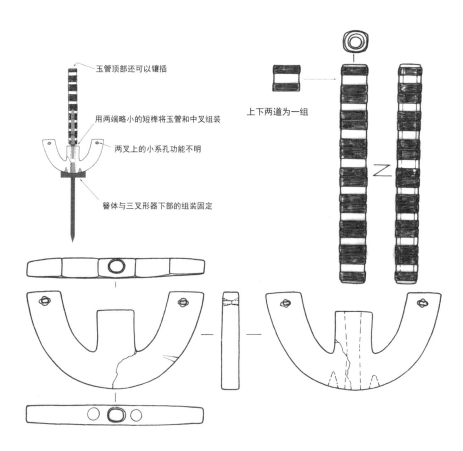

玉管顶部还可以镶插

用两端略小的短榫将玉管和中叉组装

两叉上的小系孔功能不明

簪体与三叉形器下部的组装固定

上下两道为一组

图 3-64　反山 M12∶83 三叉形器和中叉上装配的弦纹玉管

3. 成组锥形器

锥形器的原型可能是箭镞和投矛，单件的锥形器在墓内出土位置多样，尾端常有玉套管配置，成组锥形器则均位于墓主头部。"这种放置方式似乎象征羽冠的羽毛"；"与三叉形器邻近或叠压，可能与三叉形器共同组成冠饰。"[①] 王明达先生后来认为锥形器是玉质的箭头，集束状的尖端朝上的锥形器是背在身后的多件箭，身体一侧的单件锥形器是拿在手上的箭[②]。良渚庙前第三、四次发掘的 M4，发现一组 3 件锥形器的下方有宽长的涂朱骨痕，极有可能原先卯销在宽长的有机质（骨）载体上，作为冠饰佩戴（图 3-65）[③]，与单件锥形器下方装置杆状物和玉套管的方式不同，很可能与嘉兴、上海地区良渚文化时期高等级墓葬中一些墓主佩戴成组猪獠牙冠饰的形式接近（图 3-66）[④]。

---

① 浙江省文物考古研究所反山考古队：《浙江余杭反山良渚墓地发掘简报》，《文物》，1988 年第 1 期；浙江省文物考古研究所：《余杭瑶山良渚文化祭坛遗址发掘简报》，《文物》，1988 年第 1 期。
② 王明达：《良渚文化若干玉器的研究——从反山 20 号墓谈良渚玉器的功能》，浙江省博物馆编：《东方博物》，杭州大学出版社，1997 年，第 27 页。
③ 浙江省文物考古研究所：《庙前》，文物出版社，2005 年，第 144 页，图版五二、五三。
④ 浙江省文物考古研究所、南京博物院、上海博物馆：《良渚考古八十年》，文物出版社，2016 年，第 240 页。

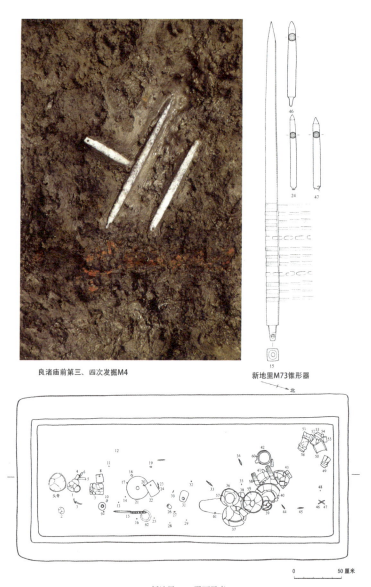

良渚庙前第三、四次发掘M4

新地里M73锥形器

新地里 M73 平面示意

1. 宽把杯　2、9、11、13、14、16、17、20、27、35. 玉珠　3. 野猪獠牙饰　4、52、54、55. 石锛　5. 带把小石刀　6. 石凿　7、49、51、53、56. 双鼻壶　8、22、31、38、57. 石钺　10、18、19. 玉管　12、23、25、28、29、58、61. 玉镶嵌片　15、24、46、47. 玉锥形器　21. 玉璧　26. 玉杖端饰　30. 玉坠　32. 残玉器　33、34、44、45、59、60. 石镞　36. 尊　37、43、50. 簋　39. 盆　40. 圈足盘　41. 瓿　42. 鼎　48. 鲨鱼唇齿　62. 象牙镯

图 3-65　作为头饰的成组锥形器和作为单件的锥形器复原：以良渚庙前 M4 和新地里 M73 为例

图 3-66　青浦福泉山吴家场墓地 M207 出土成组猪獠牙冠饰

成组锥形器主要分布于良渚遗址群及周边区域，多为奇数，其中一件形制较为特别，或修长或雕琢有琮式图案，为男性显贵墓葬专有，一组 11、9、7、5、3 件不等，等级鲜明。

反山 M12：74 成组锥形器，一组 9 件。其中一件为琮式锥形器，雕琢两节神像图案，直槽仅分割弦纹组，未分割面纹。最高者 10.2 厘米（图 3-67）。

反山 M20：72、73 成组锥形器，一组 9 件。其中一件为琮式锥形器，雕琢两节神像图案，图案由神人和神兽组成，神人未做分割，神兽仅对角雕琢；高 18.4 厘米。其余 8 件高 11.5~12 厘米不等（图 3-68）。

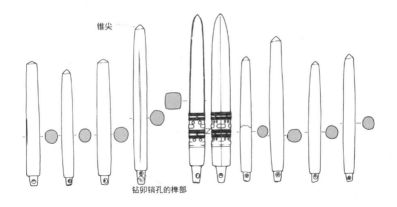

图 3-67　反山 M12∶74 成组锥形器

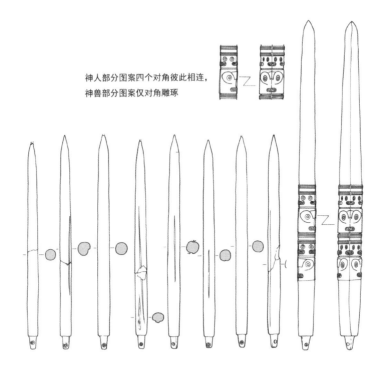

图 3-68　反山 M20∶72、73 成组锥形器

反山 M17：12、13 成组锥形器，一组 7 件。其中一件为琮式锥
形器，雕琢三节神像图案，神像图案彼此连贯，未做分割，高 12.13
厘米（图 3-69）。

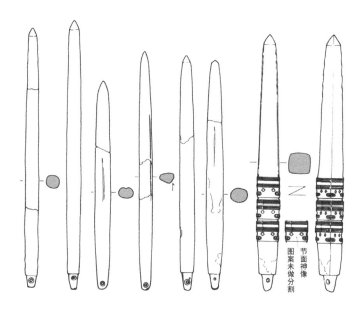

图 3-69　反山 M17：12、13 成组锥形器

4. 成组半圆形器

成组半圆形器一组 4 件，正面弧凸，背面凹弧且有缝缀隧孔，出土时呈圆周状分布于墓主的头部，推测原先应该缝缀在皮革类的载体上，作为头饰佩戴，围径约 30 厘米。成组半圆形器目前仅见于反山、瑶山墓地等级最高的墓葬，可以看作是"王冠"。

反山 M12：77—79、85 成组半圆形器，正面减地浅浮雕雕琢神兽像，图像简约，仅为线条勾勒。高 3.4~3.5 厘米不等（图 3-70）。

反山 M20：44—47 成组半圆形器，素面，高 3.83~4.2 厘米不等（图 3-71）。

经过仔细甄别，推测反山 M14 大小形制质地接近的，也呈圆周状分布的 M14：134、142、143、144 玉管与半圆形器的玉件有关，应是共同缝缀在王冠上的。4 件半圆形器（M14：137、138、139、140）高 3.25~3.4 厘米不等（图 3-72）。

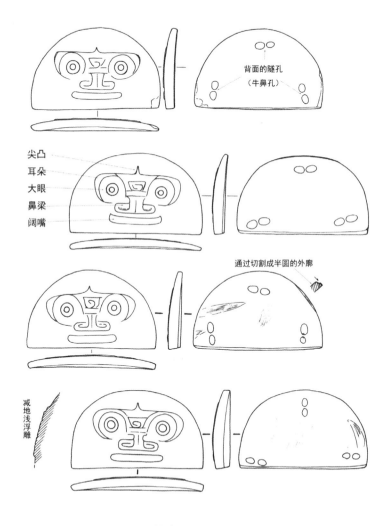

图 3-70 反山 M12：77—79、85 成组半圆形器

Earthen pyramid:
Fanshan Royal Cemetery

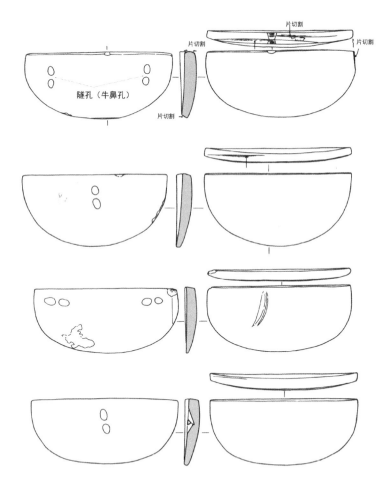

图 3-71　反山 M20：44—47 成组半圆形器

136

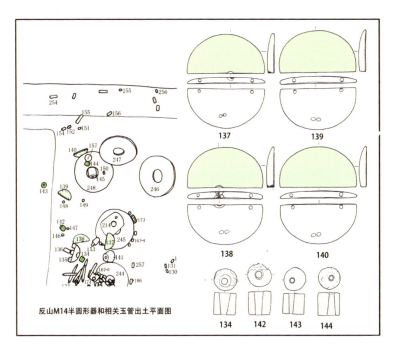

反山M14半圆形器和相关玉管出土平面图

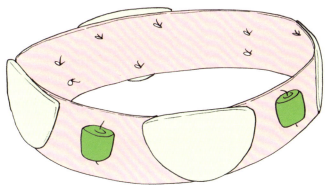

图 3-72　反山 M14 半圆形器的复原

5. 作为头饰的隧孔珠

隧孔珠主要分为球形和半球形两类。半球形隧孔珠在红山、凌家滩、崧泽文化遗址中都有出土，良渚文化时期出现了球形隧孔珠。良渚文化早期成对的隧孔珠往往出土在墓主耳廓部位，成对出土于头端部位的隧孔珠在人骨保存不佳时可以作为"定位性"玉器。2009年浙江海宁小兜里 M3 发掘中，墓主头骨部位清理出隧孔珠6件，是良渚文化遗址中除反山之外出土隧孔珠最多的墓例。M3：15 隧孔珠和 M3：14 玉管出土时紧密黏合，玉管还恰好位于隧孔珠正中；M3：13 隧孔珠和 M3：12 玉管也紧密相邻。这也是考古发掘中第一次发现隧孔珠与玉管的系缀组合，验证了反山、瑶山墓葬墓主头端部位隧孔珠的组合形式 [1]。玉管和隧孔珠系缀的组合如同带盖柱形器，只是后者的体量大些而已（图 3-73）。

瑶山 M10 还发现墓主头端部位的半球形隧孔珠和球形隧孔珠两两成对系缀（9、10 和 11、12），这说明作为耳饰的隧孔珠系缀方式十分多样。

---

[1]　浙江省文物考古研究所、海宁市博物馆：《小兜里》，文物出版社，2015年，第48页。

0 |_____| 1 厘米

图 3-73　海宁小兜里 M3 紧密黏合的 M3：14 玉管和 M3：15 隧孔珠

反山墓地中，耳廓部位的隧孔珠并不一定成对出土，反山 M12 墓主头部就仅出土 1 件（72）。M17 墓主头部有 2 件球形隧孔珠（17、18）。M18 出土半球形隧孔珠 3 件，2 件位于左右耳廓部位（14、15），另一件（11）与头骨上方的玉管伴出。M16 出土半球形隧孔珠 1 件（125），可惜野外发掘时未标注出土位置；5 件球形隧孔珠中 67、116 分别位于墓室中部和墓主脚端陶器上，3 件成组位于墓主头部（55-1—55-3）。反山 M20 出土球形隧孔珠 6 件，2 件位于墓室南部（70-1、70-2），叠压玉璧（126），1 件位于冠状器下，另 3 件成组位于墓主头部（80-1—80-3）。M22 墓主头部出土 2 件半球形隧孔珠（27-1、27-2），1 件扁状隧孔珠（13）。

反山 M23 是反山墓地中出土隧孔珠最多的，共 34 件，除了 1 件半球形隧孔珠外（74），其余均为球形隧孔珠。这些隧孔珠几乎散布在墓室各处。除了作为耳饰，也可能是墓主所着服饰或类似"裹尸布"上的缝缀件（图 3-74）。

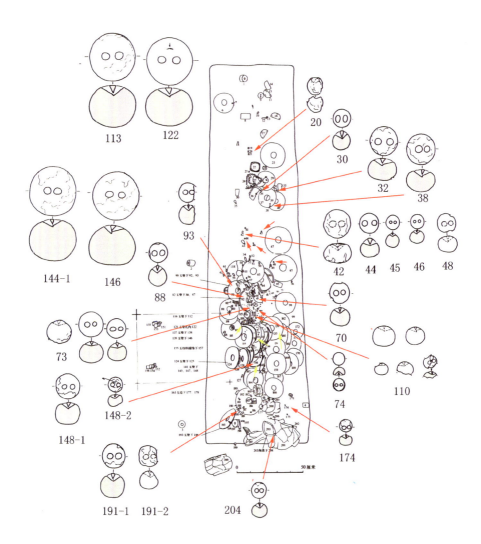

图 3-74　反山 M23 隧孔珠的分布

崧泽文化晚期，作为耳饰的玦早已式微，取而代之的是隧孔珠。隧孔珠的使用，如同小兜里 M3 里那样与玉管的组合，极有可能和耳钉一样紧密系缀在耳垂部位，考虑到这一部位有时还有多件管珠和隧孔珠的存在，也可能系缀于耳垂后另附加有织物。

6. 璜串和成组圆牌

以璜、成组圆牌为主体的组佩为女性显贵专有，分为颈饰和胸饰。璜起源于长江下游地区，最早是六七千年前马家浜文化时期的条形璜，其产生可能与玦的形制和工艺有关。[1] 五六千年前凌家滩文化、崧泽文化时期是璜的繁荣期，良渚文化早期出现半璧形大璜。之后随着男性威权地位的日益加强，标识女性显贵的璜、成组圆牌等玉礼器迅速退出了良渚文化玉器舞台。

反山 M22、M23 出土璜串和成组圆牌。

---

[1] 刘斌、王炜林：《从玉器的角度观察文化与历史的嬗变》，浙江省文物考古研究所编：《浙江省文物考古研究所学刊（第六辑：第二届中国古代玉器与传统文化学术讨论会专辑）》，杭州出版社，2004 年，第 48 页。

　　反山 M22：20 璜，正面微弧凸，背面有缝缀隧孔，以减地浅浮雕形式雕琢的神像居中，省略了神人的上肢部分，高 7.6 厘米（图 3-75）。

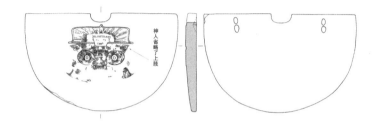

图 3-75　反山 M22：20 璜

　　反山 M22：26 成组圆牌，一组 6 件，每件均以减地浅浮雕形式雕琢龙首纹两组，除 1 件顺向外，其余 5 件的龙首纹均相对。成组圆牌出土时纵向布列于墓主胸腹部位，系孔朝上，下端还有 2 件纵向并列的玉管，可能与之配伍，外径 4.7~5.4 厘米不等（图 3-76-1、3-76-2）。

　　反山 M22：8 璜串，正面微弧凸，以减地浅浮雕形式雕琢的神像居中，省略神人的上肢和神兽的下肢。该器形制特殊，未有璜所必有

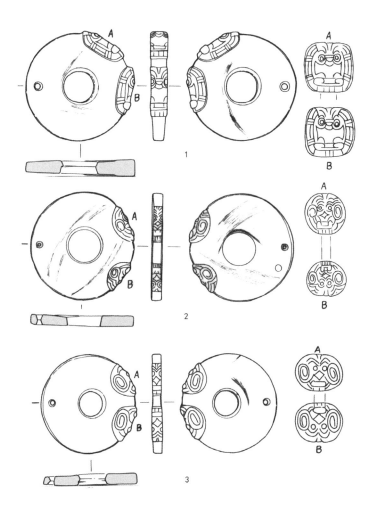

图 3-76-1 反山 M22：26 成组圆牌

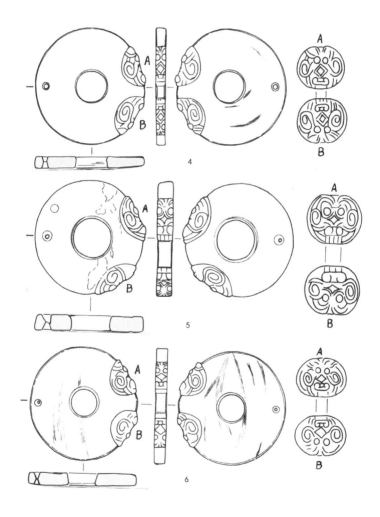

图 3-76-2　反山 M22：26 成组圆牌

的半圆形凹缺，神像正视时璜体的半圆也朝上。出土时位于墓主头部上方，可能与管串结合作为冠饰使用。璜高 4.17 厘米。璜串复原围径逾 40 厘米（图 3-77-1、3-77-2）。

反山 M23：28 璜，正面弧凸，向边缘渐趋薄，背面相对较为平整，璜体上部中间切割有近半圆形凹缺，两侧各对钻有小系孔，高

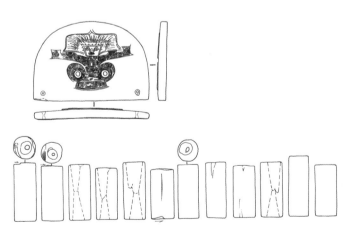

图 3-77-1　反山 M22：8 璜串及复原示意

图 3-77-2　反山 M22：8 璜串及复原示意

5.3 厘米，宽 11.55 厘米（图 3-78）。反 山 M23：26 珠 串 22 件、
M23：27 管串 9 件可能均与璜串有关。

　　反山 M23：67 璜，正面微弧凸，以减地浅浮雕形式雕琢有神兽
和（两侧的）神鸟，神兽嘴巴呈 V 形，较为少见；高 5.75 厘米（图
3-79）。

　　反山 M23：78—81、83—85 成组圆牌，一组 7 件，中间为线镂

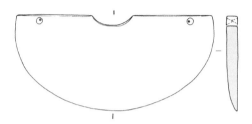

图 3-78 反山 M23：28 璜

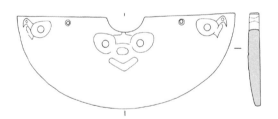

图 3-79 反山 M23：67 璜

的十字形镂孔（菱形镂孔），一端另有小孔。出土时纵向排列，位于 M23：67 璜的下方，可能彼此组合为原始组佩，外径 4.3~4.95 厘米不等（图 3-80）。

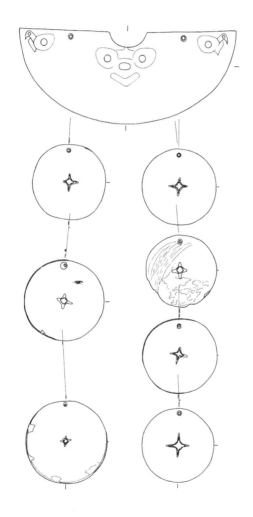

图 3-80　反山 M23：78—81、83—85 成组圆牌和璜的组合

7.臂钏

臂钏分为腕饰和臂饰，主要为环镯形，其中还有管珠串成的链状臂饰和腕饰。反山、瑶山还发现了琮作为臂饰的墓例，但未发现璧环状的臂钏，除了少量呈条状外，多为筒形。臂钏以管钻取形，仅发现不作臂钏用的瑶山 M11：58、41 镯形器内钏为线镂而成。管钻取形本来应成弧凸的外壁，但筒形臂钏的外壁微微内凹，且内凹的弧度并不一致，这说明匠人制作时尚未使用车床类的机械。良渚玉器外廓内凹还见于各类端饰、冠状器两侧边、玉钺两侧边等，应具有形状和视觉观看上的特别要求。

反山墓葬出土器物中作为臂钏的有琮和环镯，环镯仅 10 件。M22 出土 4 件，右上臂 1 件（22），左上臂 3 件（17—19），内径5.3~6.05 厘米（图 3-81）。M23 出土 2 件，分别位于墓室中部两侧，与作为项饰的璜串相距 80 厘米，应为墓主的腕饰；其中 M23：94 环镯被 90 号等玉璧叠压，而 67 号璜和圆牌组佩又直接叠压在这些玉璧上，说明这些玉璧原先应该覆盖在墓主身上，而璜和圆牌组佩不直接佩戴于墓主身上，或者可能还有另一位死者的存在。M16 出土 2 件，M16：40 为右臂饰，M16：10 为左腕饰。M15 出土 1 件，为左臂饰（9）。M12 除了作为臂钏的琮之外，还有 M12：94 环镯位于墓主左臂部位，内径 5.7 厘米。

图 3-81　反山 M22 出土的 4 件环镯

8. 带钩

　　良渚文化遗址中玉带钩出土数量不多，反山 M14、M16、M20
和瑶山 M7 各出土 1 件，另外还有良渚遗址群后杨村、余杭横山、青
浦福泉山等地零星出土。带钩出土时均大体在墓主腰际或腰部稍下部
位，一些带钩出土时下方还叠压有其他玉器，可能与后世用于服饰上
的同名器物有不同的功能，也可能作为墓主下葬后包裹用的特殊捆系
器物，但仍是中国同类服饰中使用最早的器物。

150

图 3-82　反山 M20：125 带钩

　　反山 M20：125 带钩位于墓主的腰腹部位，叠压于临近的玉璧和玉琮之上，背面朝上，可能为葬具上织物的捆扎带钩。带钩呈黄褐色，夹有透光的凝脂般的米黄色晶体，两端微凹。一端对钻孔，孔内壁光泽感好，另一端线切割呈钩状，带钩两侧尚留有片切割痕迹。高 2.4 厘米，长 7.7 厘米，宽 3.23 厘米（图 3-82）。

　　反山 M14：158 带钩位于墓室北部，距离作为头饰的冠状饰、三叉形器等约 120 厘米，因此不会是墓主腰部的系扎物。在野外发掘清理时与 M14：114 嵌玉漆器被一并提取，整理时仅该带钩得以修复。带钩正面弧凸，雕刻有神人兽面纹，高 3.7 厘米，长 7.78 厘米，宽 4.5 厘米（图 3-83）。

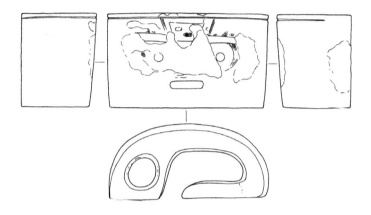

图 3-83　反山 M14：158 带钩

9. 其他各种形式的穿缀玉器

反山还出土了不少特有的各种形式的穿缀玉器，除了鸟、蝉、龟、鱼等动物造型外，还有月牙形、椭圆形、半管形等特殊造型。管珠件的穿系方式除了简单的串联，还有并联穿系。

如反山 M16：3 璜形牌饰，整器呈璜形，两面在镂孔的基础上均以阴线刻划神兽，纹样与瑶山 M7：55 牌饰颇为接近，还有与崧泽文化陶器上的圆和弧边三角组合纹样一致的大眼；眼部上方切割为锯齿状，以示"线束"；鼻梁部位镂刻不完整的菱形图案，菱形图案的中心是圆，两侧缘锯齿状镂刻应为神兽的趾爪。整器高 3.75 厘米（图 3-84）。

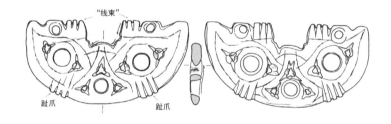

图 3-84　反山 M16：3 璜形牌饰

　　鸟是良渚文化图纹中最丰富的元素。玉器上的神鸟，其身体直接融合了神兽的大眼；陶器上的鸟纹更是丰富多彩，有具象的鸟摹刻，也有以简约的线条勾勒的抽象的鸟纹。反山、瑶山出土的玉鸟作展翅飞翔状，正面雕琢纹样，眼睛部位多"移植"了神兽的大眼，背面有隧孔，以便缝缀在服饰上。反山共出土玉鸟 4 件。反山 M14：259 玉鸟，鸟眼重圈，外圈为减地凸起，内圈为管钻，直径约 2.5 毫米，背部各向两翼作斜向切刻，高 4.36 厘米。反山 M15：5 玉鸟，鸟头与鸟尾微上翘，鸟喙及鸟眼以切磨方式表示，鸟背切刻呈蒜头形，一侧鸟翼与鸟尾之间尚留有线切割痕迹，高 2.95 厘米。反山 M16：2 玉

鸟，鸟头与鸟尾微上翘，双眼减地凸起，高 5.5 厘米。反山 M17：60
玉鸟，鸟头与鸟尾微上翘，鸟喙及鸟眼以切磨方式表示，鸟背切磨呈
蒜头形，与鸟头相接，高 2.54 厘米（图 3-85）。

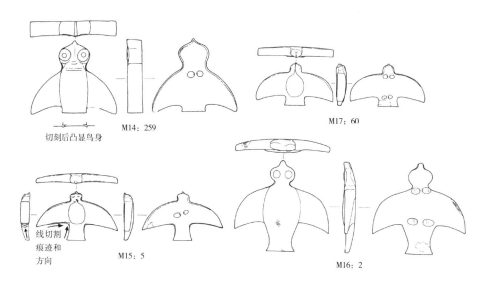

切刻后凸显鸟身

M14：259

M17：60

线切割
痕迹和
方向

M15：5

M16：2

图 3-85　反山出土玉鸟

　　另，反山 M14：187 玉蝉，整体呈椭圆形，背弧凸，以凹凸的弧
线勾勒出眼、翼，其中眼部展开后与龙首纹中的眼睛非常接近，腹部
钻有一对横向的隧孔；长 2.35 厘米。蝉象征着复活和重生。晚于良渚
文化的分布于长江中游的后石家河文化玉器中，蝉成为重要的元素。

　　反山 M17：39 玉龟，头颈前伸，中部有一道折脊线，四爪短小，作爬行状，背上有纵向脊线；腹部平整，有一对横向的隧孔；整器长 3.2 厘米。良渚古城凤山也曾采集到小玉龟 1 件，有尾巴，可见玉龟也有雌雄之别。

　　反山 M22：23 玉鱼，头部切磨微凸起，刻划眼部，拱背收腹，鱼鳍分叉，刻有斜向细线；鱼腹部位对钻有两个系挂小孔；整器长 4.83 厘米（图 3-86）。

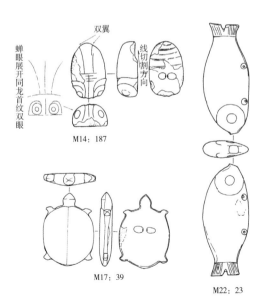

图 3-86　反山出土的玉蝉、玉龟和玉鱼

（六）礼仪工具用玉

反山、瑶山出土的玉器中还有一些是作为工具和日常用品的玉器具，如纺轮、织机、刀柄、把手，以及嵌玉器具、匕匙食具等；一些器具上还雕琢有神像。实用器具的玉礼化，也是良渚用玉制度的重要内容。

反山 M23 出土玉织机一套，M23：151—156，共三组 6 件。出土时基本保持了原来的状况，两两成组相对，间距约 27 厘米，是一套两端镶有玉质部件的由卷布轴、开口刀和经轴组成的踞织机具。M23：151、152 为卷布轴端饰，长均 3 厘米；M23：153、154 为开口刀端饰，分别长 3.1 厘米、2.87 厘米；M23：155、156 为经轴端饰，长均为 2.2 厘米（图 3-87）。玉织机大致与河姆渡遗址发现的木质踞织机部件的长度相近，卷布轴由两片错缝夹片组成，轻巧的织机表明织物的经、纬相当细，可能与纤维较粗的麻葛类织机有别，是丝织专用的织机。中国丝绸博物馆的赵丰先生对此进行了复原（图 3-88）[①]。

反山 M22、M23 各出土了玉塞髹漆囊形器，这些囊形器里灌装

---

① 赵丰：《良渚织机的复原》，《东南文化》，1992 年第 2 期，第 110 页。

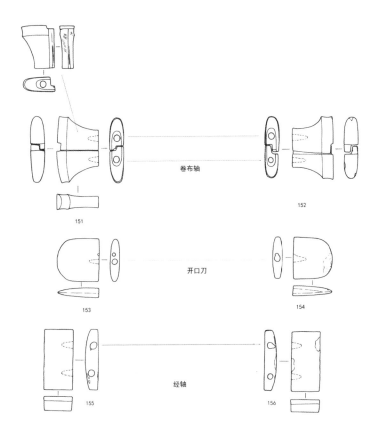

卷布轴

151

152

开口刀

153　　　　　　　　　　　154

经轴

155　　　　　　　　156

图 3-87　反山 M23 玉织机一套三组 6 件

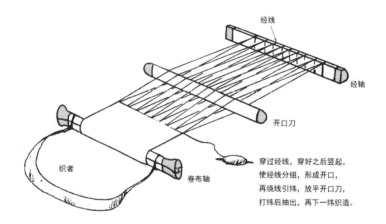

经线

经轴

开口刀

织者

卷布轴

穿过经线，穿好之后竖起，
使经线分组，形成开口，
再绕线引纬，放平开口刀，
打纬后抽出，再下一纬织造。

图 3-88　反山 M23 玉织机复原示意

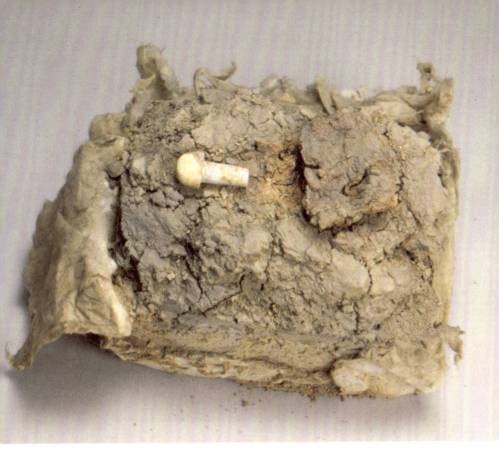

图 3-89 反山 M22：41 玉塞髹漆囊形器

的想必是使人亢奋或麻痹的特殊液体。

反山 M22：41 玉塞髹漆囊形器，玉塞外径 1.05~1.2 厘米，长 2.4 厘米，囊形器现长约 7 厘米，宽约 4 厘米，可能本体是一件葫芦形器（图 3-89）。

图 3-90　反山 M23：202 玉塞髹漆囊形器

　　反山 M23：202 玉塞髹漆囊形器，全长约 9 厘米，最宽处约 3.5 厘米，玉塞外径 2 厘米（图 3-90）。

四　嵌玉漆器

嵌玉漆器是镶嵌件的重要类别之一。镶嵌件是指大量细小的无孔玉粒及某些捉手、圈足之类的玉件，它们往往与髹漆综合装饰在有机质的器具上，既可称为漆器，也可认作镶嵌的玉器。它们开了后世青铜器镶嵌的先河；它们的发现，使我国可考的镶嵌工艺的历史大大提前了。可辨的反山、瑶山嵌玉漆器，有瑶山 M9、反山 M22 的嵌玉漆瓠，反山 M12 的翘流嵌玉漆壶，以及反山 M12、瑶山 M7 的嵌玉圆形器等。嵌玉漆器的出现将玉的使用扩展到容器领域，其成为商周时代以器表装饰凹凸不平的纹样为特征的青铜礼器中容器的前身之一。通过镶嵌（包括粘贴）结合纹样的髹漆等多种组合方式，它有效地克服了玉料及剖割技能的局限，既反映了当时人们对玉材的珍惜，更可视作为玉材可视面的扩展，从而实现了神秘化、神圣化的社会意念的传达。

反山 M22：42、43 玉圈足髹漆瓠形器，实体应为瓠形器，配置玉圈足。玉圈足形制与环镯一致，外径约 6.4 厘米（图 3-91）。

图 3-91　反山 M22：42、43 玉圈足髹漆觚形器

瑶山被盗的 M12 出土的玉圈足呈大喇叭形，高 4.6 厘米，外径 9.8~12.6 厘米，应该是一件罐形器的圈足。

反山 M12：1 嵌玉漆壶在野外出土时仅存已经被压扁的髹漆痕和镶嵌的玉粒、玉片，经辨认是一只瘦长形的带把阔口翘流壶，与同类陶器形制基本接近。壶口沿外壁、圈足底部弦纹带上镶嵌有小玉粒，

图 3-92-1、3-92-2　反山 M12：1 嵌玉漆壶出土后的加固

小玉粒长 0.2 厘米，宽约 0.1 厘米。壶体玉片大致呈圆形，分大小
两种，大者直径约 0.7 厘米，小者直径 0.2~0.4 厘米不等；现总数有
141 件（图 3-92-1、3-92-2）。仔细辨识后，壶体有神兽纹及围绕着
大小圆形玉片的螺旋纹（图 3-93）。漆壶遗痕长约 17 厘米（图 3-94）。

图 3-93　反山 M12：1 嵌玉漆壶上的神兽像

图 3-94　反山 M12：1 嵌玉漆壶的复原

图 3-95　反山 M12：68 嵌玉圆形器

　　反山 M12：68 嵌玉圆形器甚为特殊，复原外径约 28 厘米，中间为圆形大玉片，正面弧凸，背面平整；外周分别镶嵌光芒形、梅花形的玉粒；外廓呈凸棱状。同类器还有反山 M22：2、瑶山 M7：155，颇似可以记算历法的"太阳盘"（图 3-95）。

Earthen pyramid:
Fanshan Royal Cemetery

土筑金字塔：良渚反山王陵

第四章　从玉器组合看墓主的身份、
　　　　等级和地位

在反山考古报告中，王明达先生根据对墓葬的布列和位置，以及随葬品的数量、种类和精美程度等的分析，认为 M12 显示墓主至高无上的王者地位，M20 位居第二位，墓主也拥有很大的神权和军权；可能有两组墓葬存在配偶关系，M12 和 M22，以及 M14 和 M23；西侧的 M15、M18 墓主可能是臣僚；9 位墓主人生前有密切的宗亲关系，并非出自同一宗族，可能来自多个强盛的宗族，他们共同构成了以 M12 墓主人为中心的"反山贵族集团"。

在反山报告公布详细情况之前，南京博物院陆建芳先生把反山墓地墓主的身份分为四个等级：第一等级，君主（M12）；第二等级，高级臣僚（M14、M17、M16、M20、M23）；第三等级，巫师（M15）；第四等级，殉人（M19，该墓在整理过程中，被推定为属于反山第二阶段的残墓——笔者注）。并认为这种现象清楚地表明："一个墓地只有一个君王，其他人不过是他的臣僚、妻子或者其他家属。如果这一点成立，那就意味着，中国的王陵不但已经出现，而且可能是成群的，像汇观山那样的墓地，也应是一个同样性质的墓地。"[①]

....

① 陆建芳：《良渚文化墓葬研究》，徐湖平主编：《东方文明之光——良渚文化发现 60 周年纪念文集》，海南国际新闻出版中心，1996 年，第 198—200 页。

1996 年，北京大学严文明先生在《中国王墓的出现》中说得更直接，反山 M12 墓主"这样的人物当然很像是最初的国王，而同葬于一个墓地中的贵族当为王室的重要成员"[1]。

2012 年，故宫博物院张忠培先生发表了《良渚文化墓地与其表述的文明社会》一文。虽然没有分析反山墓地，但他详细论述了瑶山墓地。根据作为随葬品的琮和钺，张忠培先生把瑶山墓地分为三类墓葬，一类墓葬主人是掌控政权的神王，二类墓葬主人是只掌握军权的相当富裕且处于尊位的权贵，三类墓葬主人只是当时的显贵，同时，"南排和北排墓主人的关系，只能是姻亲关系"，"M2 和 M12 墓主的妻子本当安葬在此，却未能入葬此地，原因是什么？我们实难知晓"，"瑶山墓地当是安葬一定时期统管一方的某一家族的几代掌权人包括他们中的某些人妻子的墓地"[2]。

玉器组合是良渚高等级大墓墓主的身份和等级的反映，据此可以讨论反山墓地墓主的等级、身份和彼此之间的关系。

....

① 　严文明：《中国王墓的出现》，《考古与文物》，1996 年第 1 期，第 25 页。
② 　张忠培：《良渚文化墓地与其表述的文明社会》，《考古学报》，2012 年第 4 期，第 417 页。

一 成组锥形器是反山墓主等级的基本标识

成组锥形作为头饰，主要盛行于良渚遗址群及周边的临平遗址群，反山墓地中除了 M22、M23 之外，出土的成组锥形器分为三个等级：

第一等级：锥形器一组 9 件，出土于 M12、M16、M14、M20。在第一等级中，根据琮的精美程度和数量、玉钺杖瑁镦的精美程度和有无，依次为 M12、M20、M14、M16。其中 M12、M20、M14 还出土了成组半圆形器。

第二等级：锥形器一组 7 件，出土于 M15、M17。M15 次于 M17。

第三等级：锥形器一组 3 件，仅出土于 M18。

这三组等级中，按照琮的数量、玉钺的有无和玉瑁镦装置的有无进行比对，列表如下：

等级	墓号	琮（数量）	玉钺（瑁镦的配置）	石钺（数量）
第一等级	M12	6	有玉钺有瑁镦	5
	M20	4	有玉钺有瑁镦	24
	M14	3	有玉钺有瑁镦	16
	M16	1	有玉钺无瑁有镦	2
第二等级	M17	2	有玉钺无瑁镦	2
	M15	无	无	3
第三等级	M18	1	无	1

    从列表中可以看出，琮的数量和精美度、玉钺的有无和瑁镦的配置在反山第一等级墓葬中举足轻重。M15 为什么不出琮？或以 M15：10 小琮替代，具体原因不知。

    根据出土的玉器组合，反山 M22、M23 的墓主为女性。M23 出土成组半圆形器一组 4 件、琮 3 件，等级应该与 M20、M14 相当。M22 出土成组刻纹圆牌一组 6 件，M22：11 冠状器、M22：8 璜形冠饰、M22：20 璜均雕琢神像，还出土了 1 件形制与 M12：68 嵌玉圆形器接近的 M22：2 嵌玉圆形器。M22 的位置又居于 M12 和 M20、M23 的中间，其等级不会低于第二等级，应该与 M16 相当或稍低，介于第一、二等级之间（图 4-1）。

Earthen pyramid:
Fanshan Royal Cemetery

反山墓地以M12为核心

2018.11.7.

图 4-1　以 M12 为核心的反山墓地：以头饰、琮、权杖和玉璧等为例

二　反山 M17 和 M12 墓主关系密切

M17 位于 M12 和 M14 之间，与 M12 挨得很近。M17 出土的四件组玉器较为瞩目，分别是：

反山墓地中出土的唯一一件玉龟（M17：39）、与 M12 形制非常接近的柄形器（M17：37）、反山墓地中出土的唯一一件条形器（M17：40），以及五组 10 件的缝缀玉片（M17：33—36、50）。

反山 M17：37 柄形器，呈宽扁形，正面微微隆起，一端有穿孔，另一端雕琢有神兽，通长 20.5 厘米。反山 M12：110 柄形器，呈宽扁形，一端也有穿孔，另一端雕琢扁榫，通长 21.8 厘米；另一端的扁榫极有可能镶插有机质的神兽。反山 M12：110 和 M17：37 柄形器，是反山墓地仅有的两件形制非常接近的玉器，说明 M12 的墓主和 M17 的墓主之间存在密切的联系。

当然，如果把反山 M20：131 镶插端饰的载体拉长，形制也颇与上述两件柄形器接近。

反山 M17：40 条形器，两端雕琢呈扁祖样（祖，男性生殖器），
通长 10 厘米，为反山墓地中仅见。瑶山 M10 也出土了一件形制相似
的条形器，瑶山 M10：25 两端也有凸起状雕琢，通长 10.1 厘米。瑶
山 M10 亦是出土缝缀玉片较丰富的墓例，有 M10：42—45、48、99
半圆形饰 6 件，以及 M10：46、47 月牙形饰 2 件[①]。

反山 M17 出土了反山墓地中唯一的玉龟 M17：39，无尾巴。良
渚古城凤山采集到玉龟 1 件，有尾巴（余杭博物馆 2776.2-299）。一
般来说，雄龟尾巴明显较粗大，良渚玉器中仅有的这两件玉龟极有可
能有雄雌之分。嘉兴南河浜 M27 出土的一对雌雄陶神龟，雄龟有尾，
而雌龟无尾[②]。反山 M17 出土的为雌玉龟，其中的深意值得探究。

反山 M16：49 条形器的两端齐平，长 9.64 厘米，似乎是一件类
似反山 M17：40 条形器的半成品（图 4-2）。

① 　浙江省文物考古研究所：《瑶山》，文物出版社，2003 年，第 144 页。凡
是瑶山资料未注明出处者，均采自《瑶山》。
② 　浙江省文物考古研究所：《南河浜——崧泽文化遗址发掘报告》，文物出版社，
2005 年，第 120 页。

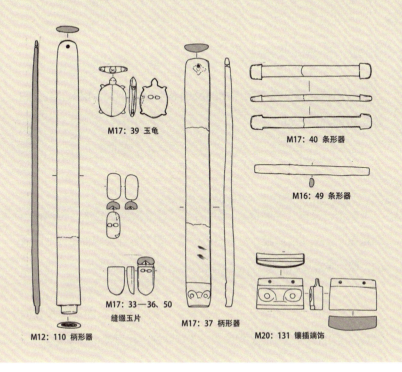

M17: 39 玉龟

M17: 40 条形器

M16: 49 条形器

M17: 33~36、50
缝缀玉片

M12: 110 柄形器

M17: 37 柄形器

M20: 131 镶插端饰

图 4-2　反山 M12、M16、M17、M20 出土的相关玉器

　　M17 与 M12 均出土了柄形器，可见其墓主关系密切。M17 出土的雌玉龟可能是某种身份的标识，M16 出土了与 M17 类似的条形器。这样看来，M12 左右的 M16、M17 墓主关系甚为密切，可能是直系血亲，或者是有血缘关系的近身臣僚。

三 共出特殊端饰和半圆形器的反山 M12、M14、M23、M20 的
墓主可能都担任过 "王"

端饰，又称 "杖端饰"，器形各异，尺寸相差也较大，但均在一端雕琢一个榫头或卯眼。根据出土位置，可判定部分器件是成对配套的，似为某种有机质杖、杆类器物的头尾部分的端饰 [①] 。

已经明确功能的端饰，有玉钺杖的瑁镦、反山 M12 豪华权杖的端饰、反山 M23 玉织机的端饰等。不同端饰的杖显然有着等级之分。

反山 M12、M14、M23、M20 墓室北端出土的有凹缺的扁状镶插端饰甚为特殊：

反山 M12：59，宽 10.45 厘米，位于 M12：6 陶罐下；

反山 M14：85，宽 7.25 厘米；

反山 M20：203，宽 9 厘米，位于 M20：175 石钺下；

----

① 浙江省文物考古研究所反山考古队：《浙江余杭反山良渚墓地发掘简报》，《文物》，1988 年第 1 期，第 24 页。

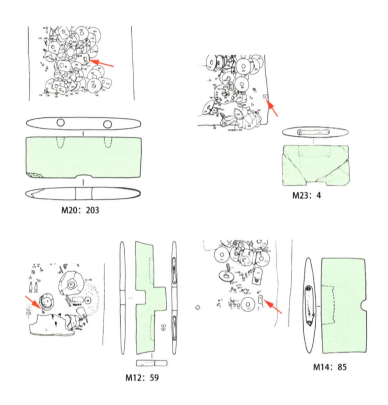

图 4-3　反山 M12、M14、M23、M20 墓室北端出土的有凹缺的扁状镶插端饰

反山 M23：4，宽 6.55 厘米。

　　四件端饰大小略有差异，但形制基本一致，横截面也均为扁椭圆形。出土时凹缺的方向不一致，部分端饰还有被其他随葬品叠压的情况，应该没有其他配套的玉端饰（图 4-3）。

这四件端饰的载体可能是有机质的神像，有凹缺的扁状镶插端饰可能是神像的帽子。四座墓葬出土了形制一致的特殊的镶插端饰，说明墓主之间存在某种特殊的联系，尤其是身份上的共性。

扁状的端饰作为帽子并非个例。反山 M17：38 端饰，整体侧视呈三面旗样，实际上应该是介字形冠帽的对折形。这类多重式的冠帽也见于福泉山 M74：34 玉钺瑁、张陵山东山 M1：5 玉钺瑁（图 4-4）①。

反山 M12、M14、M23、M20 有凹缺的扁状镶插端饰可能是神像的帽子，这四座墓葬也是出土成组半圆形器的墓葬。这恐怕不是偶然。如果将成组半圆形器视作特殊的"王冠"，那么除 M12 之外的其余三座墓的主人极有可能与 M12 的墓主一样，担任过"王"的角色。

....

① 浙江省文物考古研究所、上海市文物管理委员会、南京博物院：《良渚文化玉器》，文物出版社、两木出版社，1990 年，第 172 页。

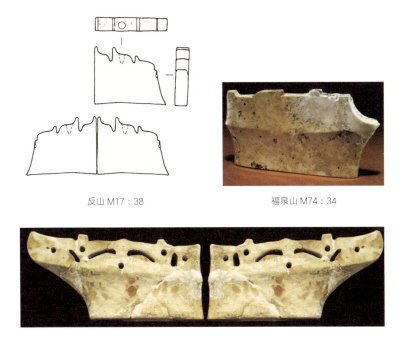

反山 M17 : 38　　　　　　　　　　　福泉山 M74 : 34

张陵山东山 M1 : 5

图 4-4　反山 M17 : 38 端饰和福泉山、张陵山出土的玉钺瑁

四　从其他端饰看反山各墓墓主的身份和地位

　　出土了装配瑁镦的玉钺与豪华权杖的反山 M12，其墓主的身份和地位毋庸赘述。形式多样、数量丰富的各类端饰，是了解反山各墓墓主身份和地位的重要线索。

　　反山 M15 未出土　件端饰，出土的其他玉器中也没有特殊的，因而看不出墓主的身份和地位有什么特别之处。

　　反山 M18 是出土端饰数量较少的墓葬，仅有 4 件。从其他随葬玉器看，除了出土 1 件琮，没有特别之处，M18 应是反山墓葬中墓主身份和地位较低的墓葬之一。反山 M18 出土的 4 件端饰反过来说明其他墓葬中出土的这类端饰可能也不能反映墓主的身份和地位。这样，另外那些特殊的端饰反映墓主的身份和地位——尤其是身份——的可能性就极大（图 4-5）。

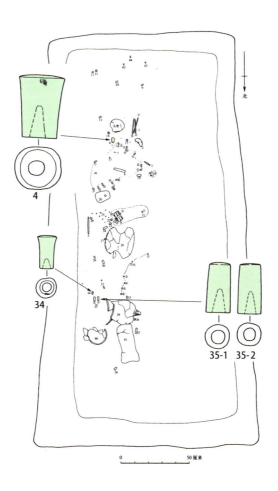

图 4-5　反山 M18 出土的端饰

　　反山 M12、M14、M23、M20 墓室北端出土的有凹缺的扁状镶插端饰前文已述。其中 M23∶197、206 一对扁圆形的卵孔端饰位于北端的随葬陶器部位，为反山墓地仅见，两者间距约 30 厘米，应该存在组合关系。除了"权杖"的可能，或许是一件更能表明墓主身份的特殊工具。反山 M20 在等级上仅次于 M12，出土的端饰数量最多，形制也最为丰富；反山 M20∶52—57、74 成组端饰尤为特别，顶部有凹缺，切割多节，下端为卯销的榫头。

五　反山 M23 墓主的身份和等级

反山 M23 除了墓主可能也担任过"王"，根据该墓葬其他随葬品组合和出土的情况，还有值得再深究的地方。

反山 M23 不出成组锥形器，不出玉石钺，出土了玉织机、玉纺轮（M23 : 173），出土了璜和成组圆牌，出土了陶过滤器，因此被认为是女性墓葬。但是，M23 出土了 M12、M20 才有的成组半圆形器，以及 3 件琮。而且，M23 也是出土玉璧数量最多的墓葬，达 54 件。作为女性墓葬，M23 甚为特殊，似乎可与瑶山 M11 相当。

反山 M23 墓主头端部位出土的玉器有：

M23 : 8、9，带盖柱形器；

M23 : 14—17，成组半圆形器；

M23 : 36，冠状器；

M23 : 27 管串和 M23 : 28 璜组成的璜串饰；

M23 : 26，珠串；

M23 : 22，琮。

M23：26 珠串和 M23：27 管串出土时呈并列状，但管串止于 M23：28 璜的系孔处，而珠串则呈环状，所以 M23：27 管串和 M23：28 璜组合，M23：26 珠串单独放置。珠串和管串出土时个体之间较为紧密，围径较为接近。M23：26 珠串串系后约 33 厘米，M23：27 管串串系加上璜系孔，约 34 厘米。

墓主头端部位出土的 M23：22 琮，性质上可能与瑶山 M10 墓主头端部位出土的镯形器差不多，可能都是墓主头额部位的特殊饰物。

反山 M23 出土了一对作为墓主左右腕饰的镯 M23：94、95，其中 M23：90 璧叠压 M23：94 镯。

如果按照一般人的身体比例，M23：26 珠串和 M23：27、28 璜串作为项饰，那么 M23：94、95 镯作为腕饰刚好。M23：90 璧叠压 M23：94 镯，说明殓尸后，墓主的身体上又覆盖了 M23：90 璧（图 4-6）。

但是，叠压 M23：90 璧的，还有 M23：67 璜和部分被侧压的成组圆牌 M23：78—81、83—85，它们又分别叠压 M23：82、M23：90 璧，最后再叠压 M23：94 镯。

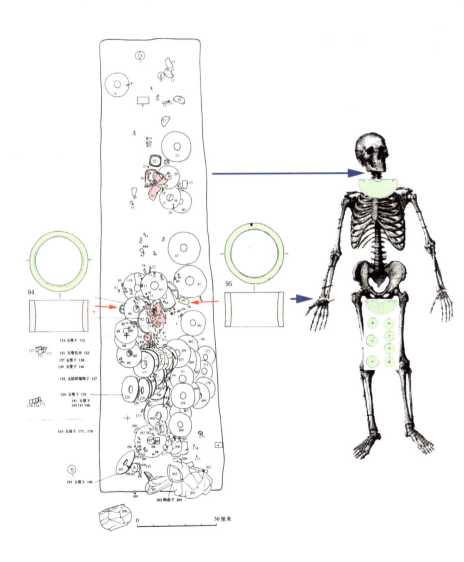

图 4-6　反山 M23 墓主头端部位出土玉器和作为腕饰的镯与墓主的大体比例关系

图 4-7 反山 M23 墓室中部璜和成组圆牌的出土状况

M23：78—81、83—85 成组圆牌，M23：67 璜如果作为实际的佩饰，极可能不属于穿戴 M23：94、95 镯的墓主，而属于另外存在的一个人（图 4-7）。

瑶山以 M12 为核心的墓地，其年代要略早于反山以 M12 为核心的墓地。瑶山墓地墓葬呈南男北女两排，排列整齐有序，除了 M12 是核心墓葬得到广泛认可外，南北两排墓葬之间的关系尚有争议。不过，这类男女分排的有序埋设，在良渚文化早期墓地中不是个例。良渚庙前第一、二次发掘的墓地是一处普通等级的墓地，虽然不像瑶山墓地那样整齐，但是主要区域内出土石钺的南排 M25、M27、M31、M28、M24 和出土玉璜或纺轮、陶过滤器的北排 M14、M30、M7、

M29，特征鲜明。[①] 庙前第一、二次发掘的西部墓葬，墓地（指墓葬范围，因为类似的庙前遗址，居址和墓葬合一）基本完整，主要区域周围还零星散布着同时期或晚阶段的良渚文化墓葬，是良渚遗址群内普通等级（氏族）墓地的代表。从这一层面上来看，瑶山以 M12 为核心的墓地，应是高等级（"王"级）墓地的典型，极可能也代表了王族。如果成组半圆形器是特殊的"王冠"，那么瑶山以 M12 为核心的墓地对应的就是以 M12 墓主为核心的王族，除了瑶山 M11 甚为特殊之外，其余各墓墓主极有可能是 M12 墓主同代的兄弟姐妹，他们之间可能不存在婚姻关系。"王"和"王族"的其他成员可能就是这一良渚文化区域的最高统治者[②]。

反山以 M12 为核心的墓地，与瑶山相比在墓葬的排序上有相当的变化，虽然还是大致的南北两排，但是西部的 M18、M15 明显偏离墓地的中心，北列墓葬也仅 M22、M23 具有女性特征，这就更说明墓主之间不存在婚姻关系。反山墓地还是以 M12 为核心的王族墓地，只是担任"王"的除了 M12 的墓主，还有 M20、M14 和 M23 的墓主，

....

① 浙江省文物考古研究所：《庙前》，文物出版社，2005 年，第 50 页。
② 方向明：《环太湖流域新石器时代晚期区域政体模式的探讨》，浙江省博物馆编：《东方博物（第五十六辑）》，中国书店，2015 年 12 月，第 4 页。

其他墓主就是与 M12 墓主同代的"王族"成员，他们或许担任了良渚遗址群或良渚古城的高级管理者。

以瑶山 M12 为核心、以反山 M12 为核心的墓地的墓主们的下一代，应该在另外营建的高台墓地中。如果他们的下一代中有担任"王"的角色者，那就是又一处"王陵"。反山以南的姜家山高等级墓地虽然不是"王"墓，但是良渚古城西南部曾采集到雄玉龟和刻纹大玉璜的凤山周边，极有可能存在又一处"王陵"。

反山墓地中，M12 是核心墓葬，也是最显赫的"王"的陵墓，M20、M14、M23 的墓主可能分别担任过"王"。M12 与其左右的 M16、M17，墓主彼此之间的关系甚为密切，可能有直系血缘关系，或者 M16、M17 的墓主是与 M12 墓主有血缘关系的近身臣僚。M22 的墓主是与 M12 墓主同一王族的女性成员，她可能分管什么，但肯定没有担任过"王"。西边的 M18、M15 等级明显偏低，其墓主应该是王族中的显贵，可能分管了某个普通的领域，具体就不得而知了。

Earthen pyramid:
Fanshan Royal Cemetery

土筑金字塔：良渚反山王陵

第五章　反山考古的重大意义

　　1986 年的反山发掘"在人们的认识并不统一的情况下，主事者认定那是一处良渚文化高规格的墓地，当即与有关方面交涉停建厂房，而着手有计划、有组织地进行考古发掘，这可以说是一个具有科学预见的战略性决策"[①]。1987 年祭坛和墓地组合的瑶山发掘，又揭示了一批高等级的良渚文化大墓，"土器的大量发现，丰富了良渚文化的研究内容，而且成为在更深层次上探索良渚文化的突破口"，"将良渚文化的发现推向新的高潮"[②]。良渚文化反山大墓和瑶山祭坛被评为"七五"（1986—1990 年）期间全国十大考古新发现之一（1989 年）。

　　反山考古发掘取得了重大的学术意义。

①　严文明：《一部优秀的考古报告——〈反山〉》，《中国文物报》，2006 年 7 月 12 日。
②　浙江省文物考古研究所（执笔：牟永抗）：《浙江省新近十年的考古工作》，文物编辑委员会编：《文物考古工作十年（1979—1989）》，文物出版社，1991 年，第 118 页。

一 "中国的土建金字塔"

1973 年，在江苏吴县草鞋山（现隶属苏州），人工堆筑营建的高台上首次发现了随葬琮、璧的良渚文化大墓。草鞋山北依阳澄湖，东西长 120 米，南北宽 100 米，高出周围地面达 10.5 米（图 5-1）[1]。

图 5-1　江苏吴县草鞋山遗址

[1]　南京博物院：《江苏吴县草鞋山遗址》，文物编辑委员会编：《文物资料丛刊（3）》，文物出版社，1980 年，第 1 页、第 15 页。

1983 年，在上海青浦福泉山，高约 6 米，南北宽 84 米，东西长 94 米的福泉山土墩上，考古学家又发现了一批良渚文化时期随葬大量玉器的高等级墓葬。土墩的堆筑层次如下：第一层是距今六七千年的马家浜文化堆积，第二层是距今五六千年的崧泽文化堆积，第三层是距今四五千年的良渚文化堆积，然后又是崧泽文化早中期的堆积。显然，前三层的年代颠倒了，是有人把附近一个遗址的泥土搬移过来，在此处原有的崧泽文化遗址上堆筑了一个高台墓地。这里既是古人动用大批人工堆筑的高台，其中埋葬的又是良渚文化的显贵，考古前辈苏秉琦先生在一次全国考古工作会议上称其为"中国的土建金字塔"[①]（图 5-2）。

1986 年，反山考古再次证明了良渚文化时期存在人工营建的"高台土冢"，而能够埋设在高台土冢里的无疑是一批凌驾于部族一般成员之上的特殊阶层或统治集团成员。

这类高等级的高台土冢虽然体量大，但埋设的墓葬数量并不多，它们往往有一座核心墓葬，总数一般是 10~20 座。除了核心墓葬之

----

① 黄宣佩：《福泉山考古记》，黄宣佩：《黄宣佩考古学文集》，上海古籍出版社，2014 年，第 275 页。

图 5-2　上海青浦福泉山遗址

外，根据随葬品的种类和组合、品质和数量，可以判断其他墓主的性
别、身份及不同的等级。如：反山以 M12 为核心，共有 9 座墓葬，
根据 2002 年的勘探和调查，9 座墓葬的主体范围完整，虽然不排除
反山东部有另一阶段墓地的可能，但其整体格局与江阴高城墩遗址接
近 [①]；瑶山祭坛和墓葬组合遗址以 M12 为核心，共有 13 座墓葬；青浦
福泉山良渚文化墓葬共有 30 座，除去北部分散的 M1 和 M2，东部
分散的 M53、M9 和 M10，中部纵向分布的 M60、M65、M67 三座，

①　方向明：《太湖西北部新石器时代考古报告的又一力作——〈高城墩〉读后记》，
《东南文化》，2009 年第 5 期，第 121—126 页。

以及南部的 M103，以 M144 为核心的西部墓葬共 21 座；无锡邱承
墩以 M5 为核心，共 10 座；江阴高城墩以 M13 为核心，共 14 座（图
5-3）。

　　由此大致说明，这些埋葬在土建金字塔里的特殊阶层成员，以核
心墓葬里的主人为中心，由不同性别、不同身份和等级的成员组成，
可称"王族墓地"。

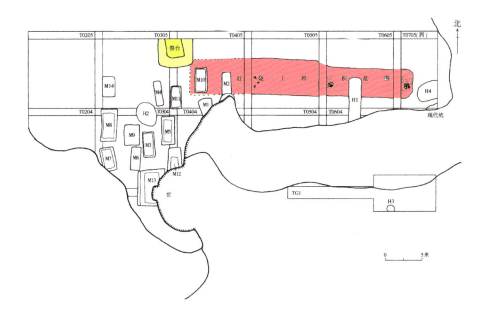

图 5-3　江阴高城墩遗址平面示意

二　"良渚遗址群"

1936 年 6 月 1 日，供职于浙江省立西湖博物馆的施昕更先生在参加完杭州古荡发掘后的第二天就急匆匆地回到故乡良渚（当时隶属杭县第二区）进行搜集，并在当年的 7 月、11 月做了两次调查。主持西湖博物馆的董聿茂先生对此非常重视，由馆方依照国民政府颁布的《古物保存法》呈请中央古物保管委员会取得采掘执照，1936 年12 月 1—10 日、26—30 日，1937 年 3 月 8—20 日，施先生先后三次在棋盘坟等六处遗址进行试掘，掘出大批黑陶和石器，并在此期间发现了以良渚为中心的十余处遗址 [①]。1938 年出版的《良渚》中这样叙述：这些遗址"均密切毗连"，横圩里等 8 处遗址在良渚乡一带，"分布范围可达纵约三公里，横约二公里之间"，长命桥等位于黄湾乡一带，"分布范围横达一公里纵达半公里之间，其他毗连各地，含文化遗存者尚多"。在《良渚》绪言中说："关于报告的定名方面，颇费斟酌，最新的考古报告都以地名为名，如《城子崖》、《貔子窝》等等，

---

① 张炳火、蒋卫东：《也谈良渚文化的发现人》，杭州市余杭区文学艺术界联合会编：《藕花洲》，2006 年第 2 期，第 45—53 页。

我也来仿效一下，遗址因为都在杭县良渚镇附近，名之良渚，也颇适当。"[1] 施昕更先生认识到这些遗址、遗物属于同一文化系统，作了地域上的综合分析，"颇有聚落的观念"（图 5-4）[2]。

　　虽然 1955 年发掘了良渚朱村斗，1963 年安溪苏家村试掘出土了半件玉琮，1971 年桑树头村民发现大玉璧和石钺，1973 年省煤田地质大队在吴家埠山顶建房时挖掘出玉璧，1978 年荀山白泥矿出土玉璧……但是真正掀开良渚考古序幕的是 1981 年吴家埠的发掘。1981 年年初，北湖公社建材厂在吴家埠西南坡动土建窑，出土了玉璧、玉琮等大量良渚文化遗物，组建成立刚两年的浙江省文物考古研究所对此进行了先后两次发掘，取得了重要收获，获取了从马家浜文化、崧泽文化晚期至良渚文化时期的丰富遗存，并建立了吴家埠工作站。1981 年年底至 1984 年年初王明达先生带队在周边进行了 20 余天考古调查，新发现遗址 20 余处。1984 年春老 104 国道勾庄至良渚化工厂段拓宽，考古所又对周边进行了 20 余天的专题考古调查。至 1986 年反山、1987 年瑶山发掘，已知的地点多达四五十处，分布在东西

① 　施昕更：《良渚（杭县第二区黑陶文化遗址初步报告）》，浙江省教育厅出版，1938 年 6 月，第 6 页、第 3 页。
② 　王明达：《良渚遗址群再认识》，浙江省文物考古研究所编：《浙江省文物考古研究所学刊（第八辑）》，科学出版社，2006 年，第 393 页。

施昕更：良渚（杭縣第二區黑陶文化遺址初步報告）

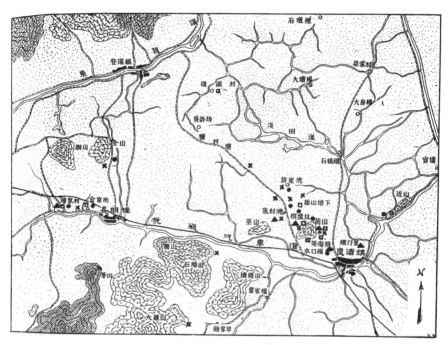

图 5-4 《良渚》插图二、杭县第二区遗址附近地形及地质略图

长约 8 公里，南北宽约 4 公里的谷地，背靠山丘，面向平原，东苕溪流经其间。1986 年，王明达在"良渚遗址发现 50 周年学术讨论会"上提出"良渚遗址群"概念，"包括北湖、长命、安溪、良渚四乡的良渚遗址群，确实是占有相当重要地位的部族居住中心之一"①。

1987 年冬季，也就是反山发掘后的第二年，104 国道拓宽涉及大观山果园所在的莫角山，浙江省文物考古研究所在试掘时发现了大面积呈坑状的（坯料型）红烧土堆积，莫角山这座超级巨型遗址开始逐渐展现在考古学家面前。"对反山和瑶山的发掘，丰富和充实了对良渚文化遗址群的认识。经过近几年的努力，我们又发现了一处人工堆筑工程，规模比反山、瑶山雄伟得多，其性质类似某种政治或宗教、文化中心。经过初步调查，这处'中心遗址'位置在余杭县的长命、安溪两乡的附近地区。以往出土良渚玉器的著名地点，大体上都环绕着这处推测的'中心遗址'。它的地位显然比反山、瑶山要高。"②

---

① 王明达：《"良渚"遗址群概述》，浙江省余杭县政协文史资料委员会编：《良渚文化（余杭文史资料第三辑）》，1987 年，第 119 页；王明达：《良渚遗址群田野考古概述》，浙江省余杭市政协文史资料委员会编：《文明的曙光——良渚文化》，浙江人民出版社，1996 年，第 285、286 页。
② 浙江省文物考古研究所（执笔：牟永抗）：《浙江省新近十年的考古工作》，文物编辑委员会编：《文物考古工作十年（1979—1989）》，文物出版社，1991 年，第 119 页。

牟永抗先生后来还曾描述道："整个高台为正方向长方形，东西长 670
米，南北宽 450 米。高台上至今还保留着当地分别称之为大莫角山、
小莫角山和乌龟山的三座小高台。鉴于大观山果园原非本名，我们将
这一宏大遗迹，命名为莫角山遗址。只要登上小莫角山水塔之顶，就
可看见反山紧紧地依靠在西北隅；西南角就是桑树头，东北方向的马
金口稍稍有一段距离，东南方向就是 30 年代就以挖玉出名的钟家村。
举目四望，从吴家埠、汇观山、瑶山、雉山、前山到荀山，这一片面
积约 20 平方公里的良渚遗址群尽收眼底。多多少少拥有上百件玉器
用作殉葬的显贵者墓地，都静寂地匍匐在它的周围。不难想象，每当
莫角山这座超巨型的高台上，点燃起多少堆直径 20 米左右的冲天火
柱时，将是多么壮观的情景！中华文明的曙光，也就伴随着这熊熊烈
火闪烁人间。两年时间里反山、瑶山、莫角山连续的三级跳远，将良
渚文化的发掘研究推向最高的潮位，良渚文化——中华文明的曙光已
成为学术界的共识。"[1]

　　1994 年，测绘部门对以良渚师姑坟遗址至安溪羊尾巴山遗址的
连线为东界、以良渚港—庙桥港的小运河为南界、以瓶窑吴家埠为

----

[1]　牟永抗：《我的考古经历片断忆》，浙江省政协文史资料委员会、浙江省
文物局编：《文物之邦显辉煌：考古发掘与文物保护纪实》，浙江人民出版社，
2000 年，第 111—112 页。

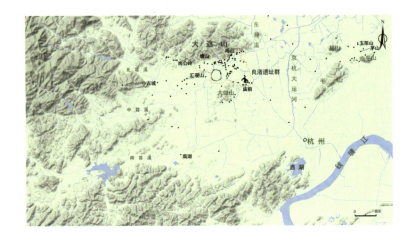

图 5-5　余杭 C 形盆地及其内良渚文化遗址分布

西界，进行了地形测绘，并测算实际面积为 33.8 平方公里。至 1996
年，良渚遗址群遗址数量达 55 处。

　　1998 年 4 月至 1999 年 7 月，2002 年 4 至 5 月，浙江省文物考
古研究所对遗址群再次进行了分区调查，共确认遗址 135 处。2015—
2017 年，结合良渚古城考古工作，浙江省文物考古研究所对良渚古
城东北部进行了大规模的考古勘探工作，目前良渚古城系统所在的
100 平方公里范围内已经发现各类遗址 270 余处[1]，相信随着今后全覆
盖式勘探工作的持续开展，更多的遗址、更丰富的内涵会被发现（图
5-5[2]）。

①　刘斌、王宁远、陈明辉、朱叶菲：《良渚：神王之国》，《中国文化遗产》，
2017 年第 3 期，第 13 页。
②　浙江省文物考古研究所：《良渚古城综合研究报告》，文物出版社，2019 年，
第 62 页。

三   从"平地掩埋"到棺椁葬仪

    江南地下水位高，泥土黏湿，加之墓葬往往以原土填满，墓坑的辨认极其困难。1957 年湖州邱城遗址发掘勉强剥剔出墓坑[1]（图 5-6）。1972 年 10 月 2 日嘉兴雀幕桥遗址发现疑似的木椁墓，考古人员撰写了《浙江嘉兴雀幕桥发现新石器时代木椁墓》的考古简报，但由于认知上的局限，《考古》杂志社将其改名为《浙江嘉兴雀幕桥发现一批黑陶》。[2] 长期以来，"平底掩埋"一度成为共识，"良渚文化的墓葬，在马桥、广富林、越城、草鞋山、张陵山、寺墩等地合计发现三十座左右。往往未见墓坑"[3]。1978 年春至 1981 年年初，浙江省文物考古研究所的前辈们在海宁千金角、徐步桥、盛家埭，平湖平邱墩遗址进

---

① 浙江省文物管理委员会：《浙江省吴兴县邱城遗址 1957 年发掘报告初稿》，浙江省文物考古研究所编：《浙江省文物考古研究所学刊（第七辑）》，杭州出版社，2005 年，第 58 页。
② 浙江省嘉兴县博物展览馆：《浙江嘉兴雀幕桥发现一批黑陶》，《考古》，1974 年第 4 期，第 249 页。
③ 中国社会科学院考古研究所：《新中国的考古发现和研究》，文物出版社，1984 年，第 157 页。

图 5-6　1957 年湖州邱城 T3 乙之 M3、4、5、7 浅浅的墓坑

行配合灌溉水渠和平整地块的抢救性发掘，实际上是辨认埋藏在文化层中墓葬的坑壁及剥剔这类墓圹边壁的手感和技巧的练兵，王明达先生曾记叙道："牟永抗先生为了辨认良渚文化的墓坑，不仅把探方内地面铲光，还从正光、侧光、逆光各个角度观察，还洒水、盖上薄膜，利用一切办法，多次'停工'，反复仔细观察，终于在这次发掘中，边找边剥剔，确认了良渚文化的墓坑。这是一次很重要的突破。它不仅仅是考古操作上简单的技术性问题，而且在确认考古单元这个考古

学基础性问题上，在良渚文化发掘和研究进程中，具有相当重要的意义。"①

　　考古发掘中第一时间确认墓口，不仅保证了遗迹的完整性，更明确了遗迹所在的层位。清理时考虑到遗迹和遗物的平面出露情况，以及葬具腐朽倒塌导致的不同层位的遗迹和遗物的复杂性，而使得完整复原当时的葬仪成为可能。反山发掘在第一时间确认了良渚文化大墓的开口，M20 深度达 132 厘米，根据反山晚期土台再次堆筑营建的情况，以及各墓的葬具大小，可知 M20 等大墓基本保持了原生状况。对良渚文化葬具情况的初步了解和掌握，在反山发掘前就制定的《余杭县长命乡反山良渚文化墓葬发掘操作细则》做了充分的准备："五、墓室应是竖穴土坑墓，必须用小工具仔细剥剔，注意墓壁的原貌，观察填土的变化，填土中除注意陶片外，特别留心有否葬具及其朽痕。随葬品一经露头，应改用竹签、毛刷等工具小心剔土，不再使用金属工具。要注意做好对陶、玉、石器以至象牙制品等文物的保护，不得随意取动。"

---

①　王明达：《序：嘉兴地区崧泽·良渚文化考古记事》，嘉兴市文化局编：《崧泽·良渚文化在嘉兴》，浙江摄影出版社，2005 年，第 7 页。

功夫不负有心人，反山发掘首次在野外确认了良渚文化墓葬存在棺椁，在分层剥剔、注意组合配伍关系的要求下，复原了之前不曾被认识的组装件，完整的玉钺杖就是其中之一。

反山、瑶山发掘在良渚文化田野考古操作方面取得了重要收获，不仅在墓葬考古上，而且在认识遗址堆积过程和整体格局上都取得了重要成果。与以往发掘墓葬不同，反山、瑶山发掘将整个墓地作为聚落遗址的一个有机组成部分来对待，作为解剖良渚遗址群的剖面来着眼，从墓地的营造、各墓之排列及其相互关系，墓坑与墓内已腐朽棺椁葬具之关系，墓内随葬品的分布及其组合组装配伍关系，墓地与环境及诸遗址的关系加以综合考察。至今，这仍旧是非常了不起的田野考古操作上的突破。

四　成组玉礼器

　　良渚文化是崇玉的文明，玉器是良渚文明的重要元素之一。玉器的品质和种类、组合和纹样彰显了拥有者的身份、等级和地位，反映了聚落的等级和规模。玉器是良渚文明模式的重要特征，也是中国文明时代产生阶段的一个重要标志——"玉器时代"的主要代表。[①]

　　反山是迄今为止出土玉器数量和种类最为丰富的墓地。反山发掘结束不久，主持人王明达撰文，根据玉器的形制和出土位置，反山玉器分为礼仪类用玉和佩挂装饰类用玉两大类。礼仪类用玉中，以琮、璧、钺为代表，象征墓主人的身份地位。大量的璧，包括石钺，可能是其他人奉敬给墓主人的"葬玉"。琮是礼仪用玉的最突出者，玉璧

....

① 　在中华礼仪制度形成过程中，玉礼器早于青铜器，在青铜礼器之前出现的成组玉礼器，是社会生产力提高和社会内部结构产生一系列变革的结果，是古代礼制开始成熟的重要标志，可称为"玉器时代"，主要分布在东南沿海等地的月牙形地带，年代在距今 5000 年前后，下限大体与夏商周三代相连接。玉器时代是中华文明起源时期的主要特征之一。参见牟永抗：《牟永抗考古学文集》，科学出版社，2009 年。

可能被视为财富的象征物。执秉的玉钺是代表权力的"权杖"类器物，墓主自有玉钺在握，而石钺很可能是墓主人生前的部属为表示对墓主的臣服而敬献的。反山墓地中常见的一端带椎或带卯的玉端饰，不排除是"旗"杆的端饰。佩挂装饰类用玉中，根据穿孔形式的不同，可分为直向透孔的各式管珠，与之配伍的坠、璜等，以及往往背面有小隧孔的穿缀饰。[①]

象征权力的玉钺、反映原始宗教和宇宙观的琮、彰显墓主身份地位的特殊礼仪性佩玉构成的成组玉礼器，标识着良渚文明已经形成了以成组玉礼器为代表的礼仪制度。

琮和神像集中体现了良渚文明的原始宗教和宇宙观。良渚文明一开始就确立了琮的基本形制和神像的基本图范，琮是良渚玉器中最具代表性和最有特征的玉器，也是良渚成组玉礼器的核心，自始至终体现神像或表现神像图案的只有琮，神像是琮的必要内容。反山 M12：98 大琮充分体现了琮的结构、琮和神像之间的关系。

[①]　王明达：《反山良渚文化墓地初论》，《文物》，1989 年第 12 期，第 50、51 页。

良渚琮上、下射面和射孔的构型体现了当时人们对于宇宙空间的构想，如同古代玛雅的三大领界宇宙观。古代玛雅人构想的宇宙空间是一种由水平空间和垂直空间相互结合的模型，垂直空间分成上界、中界和下界三大领界，上界或称为天界，下界孕育着生殖力量，也是腐朽和疾病并存的恐怖之所。水平空间是五瓣梅花的结构——四分世界及其中心，这是玛雅宇宙观的基础；宇宙的中心轴"世界中轴"是一颗大木棉树"世界树"，树枝伸向天空，树干深入大地，树枝上栖息着圣鸟。三大垂直领界的超自然能量都沿着木棉树这条生命之轴上下流动。[①] 良渚琮也可以视作以旋转的中轴为核心的上界、下界和中界。

上界的上射面：璧形的上射面，与下界的璧形下射面对应。良渚琮均刻意遵循上大下小的造型原则，上界的面积大于下界。良渚琮均保持圆或近圆形的基本外廓，外圆，并不方。

下界的下射面：璧形的下射面，与上界的璧形上射面对应。下界的面积要小于上界。

----

① 　[美] 林恩 · V. 福斯特：《古代玛雅社会生活》，王春侠等译，商务印书馆，2016 年，第 155—156 页。

旋转的核心中轴：射孔，贯穿上下射面。琮的"从中贯通"[1] 被视为贯通天地的必需。贯通的射孔不仅是虚和实的通道，更是旋转的中轴。琮通过四面四角的二方连续纹样布列，产生动态的旋转效果。这类动态的旋转效果还可以在其他玉器上得到佐证，如反山 M12：87 柱形器，也被称为"圆琮"[2]，外壁雕琢错落排列的十二幅神人兽面像和神兽像，这件柱形器，可能利用琮芯制作而成。又如瑶山 M11：68 环镯外壁雕琢斜向的凸棱"胶丝纹"[3]，有围绕着环镯穿孔旋转的效果，使得动态的旋转更为形象。

中界：就是上界和下界之间的琮的外壁，包括四个直槽和四个以整体展开法展现的折角。中界的内容极为丰富，除了四个直槽和四个折角，还通过横向的切割进行分节分层。反山 M12：98 琮直槽上雕琢了八幅神像，直槽既是通道，也是支撑下界和上界的柱子；折角雕琢了上下两组共四节神像图案，并辅之以神鸟，神鸟既是神像的辅佐，也是神像所处空间的反映。虽然八幅神像和折角图案的细节微有

....

[1]　张光直：《谈"琮"及其在中国古史上的意义》，文物出版社编辑部编：《文物与考古论集（文物出版社成立三十周年纪念）》，文物出版社，1986 年，第 253 页。
[2]　刘斌：《良渚文化玉琮初探》，《文物》，1990 年第 2 期，第 32 页。
[3]　浙江省文物考古研究所：《瑶山》，文物出版社，2003 年，第 158 页。

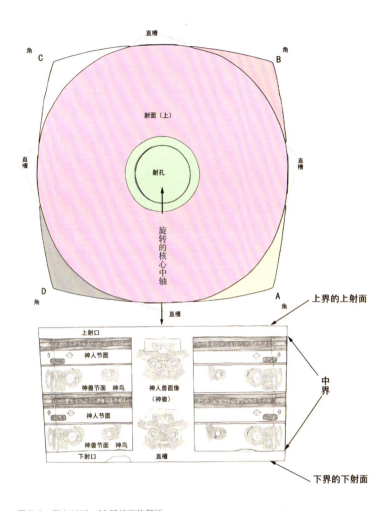

图 5-7 反山 M12：98 琮结构的解析

差异，但基本结构完全一致，这说明琮上的神像无论是立体展现，还是平面视角的方向性展现，都是同一位（图5-7）。

良渚玉器的神像是一幅由神人和神兽组合而成的复合像，神人的介字形大冠帽、神兽的圆和弧边三角组合纹样大眼，昭示着这一图像的含义——太阳神和战神。构成神像的主要元素和神像的图案化，被广泛应用于其他重要玉器，冠状器、豪华玉钺杖的瑁等直接采用了介字形冠帽的外廓，不同形式的神像图案被雕琢在除琮、琮式玉器之外的其他玉器上，从而形成了一套完整的信仰体系。

中界的主要角色是神（神像），以及辅助神的神鸟，或体现中界空间的神鸟。

先秦两汉时期中国的宇宙认识论是"盖天说"，天穹作圆形的覆碗，大地作"二绳四维"向四面八方延伸的平面，天穹以北极为中心，下沿与地平面相切，二者按投影关系，作方圆叠合的两个平面，"式"就是这个原理，其空间结构可以分解为四方、五位、八位、九宫、十二度等。[①]良渚的琮构想和其设计的宇宙模式——如果以平面展示或水平空间而言——开启了古代中国宇宙模式的先河。

良渚遗址群和周边遗址群成组玉礼器的出土，有序地彰显了其拥有者的身份、等级和地位。其中，以随葬玉石钺等男性标识物的男性大墓表现得最为鲜明。

---

① 李零：《中国方术考（修订本）》，东方出版社，2000年，第129—130页。

　　反山王陵以 M12 为核心的九座高等级墓葬中的成组玉礼器所彰
显的墓主身份、等级和地位，是一把衡量良渚遗址群其他墓葬等级的
标尺。反山 M20 虽然没有 M12 的"玉钺王"和"琮王"，刻纹玉器也
没有 M12 多，却是反山出土玉器种类最为丰富的墓葬，也是仅次于
M12 的高等级墓葬。反山 M20 出土的玉器若以单件计达 502 件，这
其中，墓主头部位的 4 件组玉器、玉钺和琮，以及多种不同形制的端
饰尤其彰显了墓主的身份、等级和地位。不同种类的玉器承担了不同
的功能，同一种类的玉器在不同的墓葬空间内也承担了不同的功能。
反山 M20 是良渚文明成组玉礼器的最典型代表。

　　反山 M14 出土玉器单件计 370 件，主要玉器的种类与 M20 非
常接近，也出土了成组半圆形器、成组锥形器、组装瑁镦的玉钺杖、
琮、不同形制的端饰，甚至带钩等，但是在绝大多数玉器的品质、雕
琢、形制和数量上，与 M20 相差较大。如一组 9 件的成组锥形器，
反山 M20：73 雕琢琮式图案，长达 18.4 厘米；反山 M20：124 琮
整器雕琢精美，节面还雕琢有神鸟图案；虽然 M14 和 M20 墓主的脚
端部位都出土了顶部有凹缺的长扁状镶插端饰，但是反山 M20 不同
形制端饰的数量更多，还出土了一些独有的玉器，如 M20：52—57、
74 一组 7 件的弦纹端饰（图 5-8）。

　　反山 M18 是反山王陵中等级最低的墓葬，出土玉器单件计仅 61

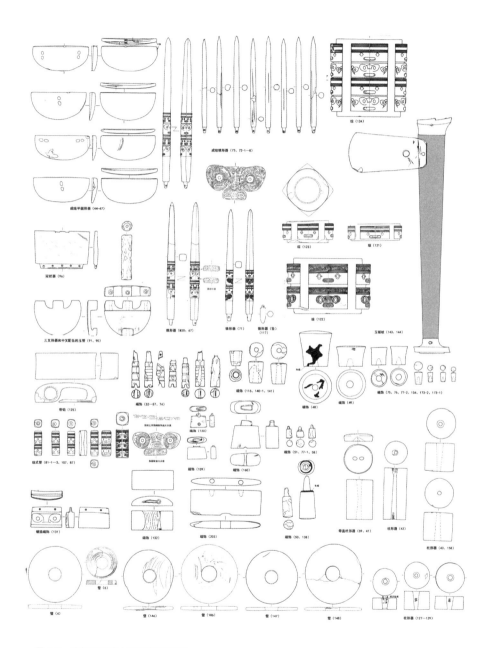

图 5-8　反山 M20 出土玉器的主要种类

212

件，头饰仅冠状器和一组 3 件的成组锥形器，琮 1 件，无玉钺，仅石钺 1 件，端饰也仅 4 件。如果依照成组锥形器的数量设定等级，其与最高等级的一组 9 件差了四个等级（图 5-9）。

文家山遗址位于良渚古城外西南，属于良渚古城西南部的"外郭"，清理出 18 座良渚文化墓葬。如果以鼎、豆的特征为依据，可以分为以 M1 和 M16 为代表的早晚两个阶段。其中早期阶段墓葬横向排列于遗址东北部，以 M16 和 M12 等级为高。M16 分别出土一组 3 件成组锥形器、冠状器和大孔璧；M12 出土一组 2 件成组锥形器。晚期阶段墓葬以 M1 和 M11 等级为高。M1 出土一组 3 件成组锥形器、冠状器，以及镯、璧等，另有石钺 34 件；M11 出土一组 3 件成组锥形器、镯。早晚两个阶段墓组内的等级秩序基本相近（图 5-10[①]）。

卞家山遗址位于良渚古城外南偏东，属于良渚古城南部的"外郭"，G1、G2 的北区是墓地的主要范围，共清理出 66 座墓葬。墓葬总体等级不高，仅 M46 出土冠状器、镯等（出土纺轮，墓主可能是女性）。墓主的头端部位出土成组锥形器的墓葬有 8 座，其中出土一组 3 件锥形器的有 M5、M6、M18、M57、M60；出土一组 2 件锥形

① 浙江省文物考古研究所：《文家山》，文物出版社，2011 年，图 3-1。

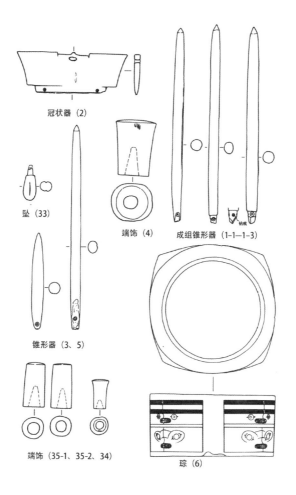

冠状器（2）

坠（33）

端饰（4）

成组锥形器（1-1—1-3）

锥形器（3、5）

端饰（35-1、35-2、34）

琮（6）

图 5-9　反山 M18 出土玉器的主要种类

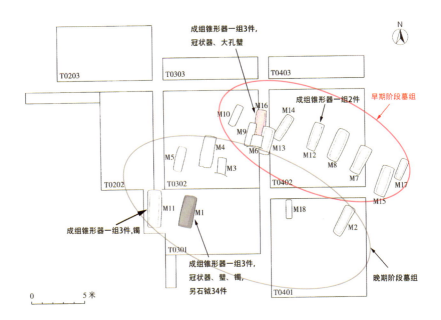

成组锥形器一组3件,
冠状器、大孔璧

成组锥形器一组2件

早期阶段墓组

T0203   T0303   T0403

M16
M10
M14
M9   M6   M13
M5   M4   M12   M8
M3   M7   M17
T0202   T0302   T0402   M15

成组锥形器一组3件,镯

M11   M1   M18   M2

T0301

成组锥形器一组3件,
冠状器、璧、镯,
另石钺34件   晚期阶段墓组

T0401

0   5 米

图 5-10   良渚古城西南外郭文家山遗址

器的有 M7、M11、M27。另外,M25、M34、M37、M62、M66 墓
主的头端部位出土 1 件锥形器。在平面分布上,出土一组 3 件锥形器
的墓葬有明显成组的现象,说明这些墓葬的主人极有可能是良渚古城
外郭氏族社会中最基层单位(家族)的首领,66 座墓大体分为五组,
基本与卞家山墓地的变迁吻合(图 5-11[①])。

成组玉礼器还反映了中心和区域中心之间的关系。已有证据表
明,崧泽文化中晚期,沿江的苏南区域及太湖西部地区的文化发展进
程加快,尤其是包括浙西北在内的太湖西部地区,明显有大规模人

① 浙江省文物考古研究所:《卞家山》,文物出版社,2014 年,图 1-8、图 5-3。

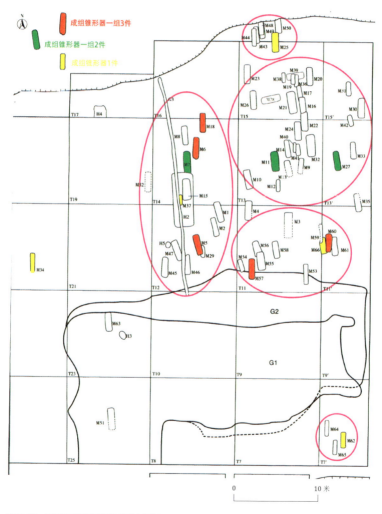

图 5-11　良渚古城南部外郭卞家山遗址

216

群迁徙的现象。崧泽文化早中期良渚遗址群所在地及嘉兴地区遗址缺乏，但崧泽文化中晚期至良渚文化早期阶段，这一区域的遗址数量突然出现井喷式的发展。良渚遗址群占有得天独厚的资源和环境优势，大规模人群迁徙背后必然存在的领袖和组织者们开始经营以良渚古城和庞大水利系统为核心的中心区，在区域功能格局设计和营建的同时，也创造了一系列的成组玉礼器，以此来保障社会组织结构的稳定运转。与此同时，在良渚文化分布区，也形成了各有特色的区域中心。

根据对陶器群组合和形态的分期分区研究，可以初步确定良渚文化的分区。依据良渚玉器中的重器琮，还可以看出明显的集群分布。[①]以中心区域良渚遗址群出土的成组玉礼器为中心，可以说明中心和区域中心之间的关系，如作为头饰的成组锥形器和三叉形器主要分布于良渚遗址群和周边的临平遗址群，嘉兴地区三叉形器尚有分布，但是成组锥形器就很少见了；冠状器的分布范围大一些，上海地区仍有，

----

① 　[日] 中村慎一：《良渚文化的遗址群》，北京大学中国考古学研究中心、北京大学震旦古代文明研究中心编：《古代文明（第 2 卷）》，文物出版社，2003 年，第 53—54 页。

但是苏南地区就不多见；而琮、钺、璧则得到了普遍的认同。[①] 这类从成组玉礼器出发反映的良渚遗址群中心到各区域中心的圈层关系，是良渚文明模式的一个重要特征。

藏礼于器，文（纹）以载道。除了种类，良渚文化玉器的形和纹饰亦是理解良渚精神世界的关键，是认识良渚中心遗址群和周边区域中心关系的钥匙。

江苏常州武进寺墩 M3、M4[②]，是迄今为止发现的良渚文化晚期宁镇—苏南地区最高等级的墓葬。M3 随葬玉石器等达 100 多件，包括琮 33 件（含 1 件镯式琮）、璧 24 件，以及装配瑁镦的玉钺一套。但是，墓主的头端部位仅出土 2 件锥形器，未出土冠状和三叉形器，这显示了它与良渚中心遗址群的不同。不过，墓主的头骨下出土石钺 1 件（M3：94），头部一侧出土大琮 1 件（M3：5），尤其是大琮的形制和出土位置，与反山 M12 情况一致，这又显示了寺墩区域中心与

① 方向明：《控制中的高端手工业——良渚文化琢玉工艺》，浙江省文物考古研究所、北京大学考古文博学院等编：《权力与信仰——良渚遗址群考古特展》，文物出版社，2015 年，第 90 页。
② 南京博物院：《1982 年江苏常州武进寺墩遗址的发掘》，《考古》，1984年第 2 期。

图 5-12　武进寺墩 M4：34 琮

良渚古城中心的密切关系。寺墩 M4 虽然被破坏，但是若 1973 年于此处采集的多件琮、璧、玉钺等均为该墓遗留，那么其等级应与 M3相当。寺墩 M4：34 琮[①] 分神人和神兽两节，节面另雕琢有 ∟ ⌐ 形纹样，为目前仅见。神人节面的弦纹填刻部位，螺旋线圆弧流畅（图5-12），完全没有良渚文化晚期琮填刻螺旋线那种线条生硬的呆板感，显示了以寺墩为中心的区域中心可能有着自己独特的琢玉传统。

①　徐湖平：《古玉菁华——南京博物院玉器馆展品选萃》，南京博物院，2000年，第 66 页。

　　上海青浦吴家场墓地位于福泉山北仅 250 米[1]，是以福泉山为中心的又一处良渚文化晚期高等级区域中心的重要遗址，其中，M204、M207 等级最高。M204 随葬琮、玉钺、璧等良渚文化玉重器，葬具两端斜置璧各一，与反山 M14 等一致；出土玉钺两套，与中心高等级墓葬每墓仅出 1 件迥然有别；M204 没有发现玉头饰，但作为墓主臂饰的鸟纹琮甚有特色。鸟纹琮在良渚古城仅发现于反山 M12、M20，鸟纹添刻在神兽节面的两侧；吴家场 M204 鸟纹琮分神人、神兽、神人三节，鸟纹添刻在神兽节面；福泉山 M9：21 鸟纹琮分神人、神兽两节[2]，两节面均添刻鸟纹，显示出其虽与中心有密切的传承，但已有变异，也显示了以福泉山为中心的区域中心可能有着自己独特的琢玉传统。吴家场 M207 随葬器物 308 件，琮、玉钺、璧等良渚玉重器齐备，清理出的 2 套雕琢有神像的象牙权杖尤为瞩目，这不仅解答了反山 M12 豪华玉瑁镦权杖的形制问题，还说明到了良渚文化晚期，虽然象牙权杖上神像的雕琢线条远远没有之前那样流畅，但是图像的基本结构和要素仍旧完整（图 5-13）。如果算上之前福泉山

<hr>

[1]　周丽娟：《上海青浦福泉山遗址吴家场地点考古发掘》，国家文物局主编：《2009 中国重要考古发现》，文物出版社，2010 年，第 2 页；上海博物馆：《上海福泉山遗址吴家场墓地 2010 年发掘简报》，《考古》，2015 年第 10 期。
[2]　上海市文物管理委员会：《福泉山——新石器时代遗址发掘报告》，文物出版社，2000 年，彩版二八。

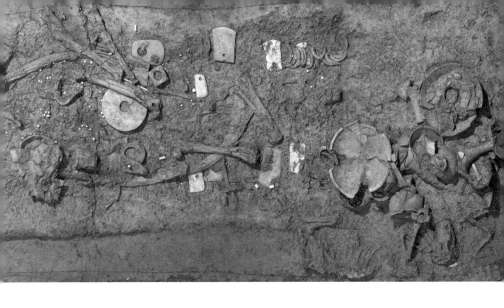

图 5-13　青浦福泉山遗址吴家场墓地 M207

M9 出土的豪华象牙权杖残件（M9：36），以及浙江桐乡姚家山 M2 的残件 ①，很可能以福泉山—吴家场为中心的区域中心，其影响还渗透至采用三叉形器为头饰的嘉兴地区。与此相关，吴家场 M207 墓主头饰使用成组猪獠牙，一组 12 件，这一头饰形制目前主要发现于浙北嘉兴地区，如嘉兴凤桥高墩、海盐龙潭港、海宁小兜里等 ②，与良渚中心以成组锥形器为标识完全不同。

①　王宁远、周伟民、朱宏中：《桐乡姚家山》，浙江省文物考古研究所编：《浙江考古新纪元》，科学出版社，2009 年，第 89 页。

②　浙江省文物考古研究所、嘉兴市博物馆：《嘉兴凤桥高墩遗址的发掘》，嘉兴市文化局编：《崧泽·良渚文化在嘉兴》，浙江摄影出版社，2005 年，第 179 页；浙江省文物考古研究所、海盐县博物馆：《浙江海盐县龙潭港良渚文化墓地》，《考古》，2001 年第 10 期；浙江省文物考古研究所、海宁市博物馆：《小兜里》，文物出版社，2015 年，第 144 页。

五 良渚玉文明和良渚文明模式

　　标识拥有者的身份、等级和地位，反映聚落等级和规模的成组玉礼器是良渚复杂的社会组织结构的反映。玉作为一种特殊资源，琢玉工艺作为最高端手工业，耗费了社会大量劳动力和生产生活资源，与大型工程的营建一样，成组玉礼器需要一整套的强大社会组织来保障从资源获取到生产、分配这一流程体系的有序运转。成组玉礼器中的不同种类和组合、不同品质和数量、形制和纹样的变化，以及成组玉礼器所反映的中心与区域中心之间的关系，构成了良渚社会等级和区域化差异的复杂性——不同等级和规模的复杂性，以及从中心到区域中心的辐射、从区域中心到中心的向心、各区域中心之间的复杂性。

　　确立拥有者的身份、等级和地位的背后是全社会对于权力和权威秩序的认同，这是大型社会工程和大型礼仪性建筑设计营建及管理使用的前提。成组玉礼器作为一种标识，其内涵除了体现在象征军事统率权的钺尤其是豪华装置的玉钺之外，维系的核心就是琮和神像——完整且系统的世界观和宇宙观。"兵器及工具的神化，使得琢玉工艺及其制品的占有者，凭借神的力量成为显贵阶层，并建立起自己的世俗统治。礼原先作为一种事神致福的社会行为，主要协调人、神关系

的职能，已经发展成反映人际之间等级关系的法规性制度，这就是统
治中国数千年的礼制。"[1]

① 牟永抗：《良渚玉器和中华文明起源研究》，原刊日本大修书店《史学》
1994 年第 8 期；又牟永抗：《牟永抗考古学文集》，科学出版社，2009 年，第
576 页。

后记　Postscript

1986 年反山大墓和 1987 年瑶山祭坛墓地的考古发掘，是"七五"期间（1986—1990 年）全国十大考古新发现之一。1988 年《文物》第 1 期以最快的速度公布了反山、瑶山两地的考古简报，1990 年文物、两木出版社出版了浙江省文物考古研究所、上海市文物管理委员会、南京博物院编著的《良渚文化玉器》大型图录。反山发掘领队王明达先生先后发表了《反山良渚文化墓地初论》（《文物》，1989 年第 12 期）、《良渚玉器若干问题的探讨》（《中国考古学会第七次年会论文集（1989）》，1992 年）、《良渚文化若干玉器的研究——从反山 20 号墓谈良渚玉器的功能》（《东方博物》，1997 年）等。牟永抗先生更是在短短的几年时间里撰写发表了多篇重要文章：《良渚文化玉器•前言》、《良渚玉器上神崇拜的探索》、《试论良渚文化和大汶口文化的关系》、《良渚玉器三题》、《试论玉器时代——中国文明时代产生的一个重要标志》等。诚如牟永抗先生在《浙江省新近十年的考古工作》中所言，反山、瑶山的发掘，"将良渚文化的发现推向新的高潮"。

2001 年 5—6 月、10—11 月，我协助王明达先生在吴家埠工作站整理反山墓地出土文物，主要绘制所有的出土物，并负责器物的文字描述。2002 年下半年，针对整理时出现的问题和预判，我们对反山进行了小规模的考古勘探和试掘，明确了墓地的主体范围，以及晚期阶段土台存在的证据。2005 年，大型考古报告《反山》由文物出版社出版。

　　新世纪以后，良渚遗址群考古取得了突破性进展，随着良渚古城和庞大水利系统的确认，聚落考古的深入和科技考古手段的进步，良渚遗址在中华文明起源过程中举足轻重的地位和作用愈发为人所知，良渚成为实证中华五千年文明的圣地。作为"良渚文明丛书"的其中一册，《土筑金字塔：良渚反山王陵》旨在以图文并茂的形式展现五千年前的良渚王陵。本书的写作，以反山简报和报告为蓝本，对个别线图进行了补充修正，还增加了一些复原示意图。所以，本书也是反山考古队及领队王明达先生的成果。本书里的部分照片采自浙江省文物考古研究所编《反山》和《瑶山》，浙江省文物考古研究所、北京大学考古文博学院等编《权力与信仰》，浙江省文物考古研究所、上海市博物馆、南京博物院编《良渚考古八十年》，良渚遗址管理委员会和浙江省文物考古研究所编《良渚玉器》。

本书初稿完成后，请同事时萧先生通读，他指正了一些硬伤笔误，并润色了不少词句，特此感谢。

让我们谨记为反山发掘付出辛勤劳动的前辈和师长，他们是领队王明达，参加发掘的杨楠、牟永抗、芮国耀、刘斌、费国平、陈越南、陈欢乐，以及在上海博物馆副馆长黄宣佩先生大力支持下，在发掘和整理过程中提供帮助的吴福宝、许勇翔、万育仁、谢海元、丁叙钧、万寿等先生（依反山简报）。

最后，再次向为浙江考古，为反山、瑶山考古倾注全力，为中华文明起源研究做出重要贡献的已故著名考古学家牟永抗先生致敬。

方向明

2018 年 11 月 28 日

图书在版编目(CIP)数据

土筑金字塔：良渚反山王陵 / 方向明著.— 杭州 ：
浙江大学出版社，2019.7（2024.12重印）
（良渚文明丛书）
ISBN 978-7-308-19168-5

Ⅰ．①土… Ⅱ．①方… Ⅲ．①良渚文化—墓葬（考古）
—出土文物—余杭区—图解 Ⅳ．①K878.82

中国版本图书馆CIP数据核字（2019）第112409号

土筑金字塔：良渚反山王陵

方向明　著

出 品 人	鲁东明
策 划 人	陈丽霞
丛书统筹	徐　婵　卢　川
责任编辑	张一弛
责任校对	杨利军　程曼漫
装帧设计	程　晨
排　　版	杭州林智广告有限公司
出版发行	浙江大学出版社
	（杭州市天目山路148号　　邮政编码310007）
	（网址：http://www.zjupress.com）
印　　刷	浙江省邮电印刷股份有限公司
开　　本	880mm×1230mm　1/32
印　　张	7.875
字　　数	105千
版 印 次	2019年7月第1版　2024年12月第5次印刷
书　　号	ISBN 978-7-308-19168-5
定　　价	58.00元

图书在版编目(CIP)数据

土筑金字塔：良渚反山王陵 / 方向明著. — 杭州 ：
浙江大学出版社，2019.7（2024.12重印）
（良渚文明丛书）
ISBN 978-7-308-19168-5

Ⅰ．①土… Ⅱ．①方… Ⅲ．①良渚文化—墓葬（考古）
—出土文物—余杭区—图解 Ⅳ．①K878.82

中国版本图书馆CIP数据核字（2019）第112409号

土筑金字塔：良渚反山王陵

方向明　著

出 品 人	鲁东明
策 划 人	陈丽霞
丛书统筹	徐　婵　卢　川
责任编辑	张一弛
责任校对	杨利军　程曼漫
装帧设计	程　晨
排　　版	杭州林智广告有限公司
出版发行	浙江大学出版社
	（杭州市天目山路148号　　邮政编码310007）
	（网址：http://www.zjupress.com）
印　　刷	浙江省邮电印刷股份有限公司
开　　本	880mm×1230mm　1/32
印　　张	7.875
字　　数	105千
版 印 次	2019年7月第1版　2024年12月第5次印刷
书　　号	ISBN 978-7-308-19168-5
定　　价	58.00元